近畿圏版⑥ 使いやすい！教えやすい！家庭学習に最適の問題集！

京都府版 国立小学校

京都教育大学附属 **京都** 小中学校
2019 ～ 2021 年度過去問題を掲載

京都教育大学附属 **桃山** 小学校
2020 年度・2021 年度過去問題を掲載

2022 年度版 過去問題集

<問題集の効果的な使い方>

①お子さまの学習を始める前に、まずは保護者の方が「入試問題」の傾向や難しさを確認・把握します。その際、すべての「学習のポイント」にも目を通しましょう。
②入試に必要なさまざまな分野学習を先に行い、基礎学力を養ってください。
③学力の定着が窺えたら「過去問題」にチャレンジ！
④お子さまの得意・苦手がわかったら、さらに分野学習を進めレベルアップを図りましょう！

合格のための問題集

京都教育大学附属京都小中学校

図形	Ｊｒ・ウォッチャー 46「回転図形」
推理	Ｊｒ・ウォッチャー 31「推理思考」
常識	Ｊｒ・ウォッチャー 27「理科」、55「理科②」
巧緻性	Ｊｒ・ウォッチャー 23「切る・貼る・塗る」
口頭試問	新口頭試問・個別テスト問題集

京都教育大学附属桃山小学校

常識	Ｊｒ・ウォッチャー 11「いろいろな仲間」
常識	Ｊｒ・ウォッチャー 12「日常生活」
記憶	Ｊｒ・ウォッチャー 19「お話の記憶」
行動観察	Ｊｒ・ウォッチャー 29「行動観察」
口頭試問	新口頭試問・個別テスト問題集

●資料提供●

京都幼児教室

ISBN978-4-7761-5383-2
C6037 ¥2300E
9784776153832
定価 2,530 円
（本体 2,300 円 + 税 10%）
1926037023005
日本学習図書 ニチガク

目指せ！合格！

家庭学習ガイド
京都教育大学附属京都小中学校

ペーパー　巧緻性　制作　口頭試問　行動観察　運動

入試情報

応募者数：非公表
出題形式：ペーパー、ノンペーパー
面　　接：なし
出題領域：ペーパー（巧緻性、言語、図形、推理、常識、数量）、制作、口頭試問、運動、行動観察

入試対策

当校の入試の特徴は出題形式の幅広さです。ペーパーテスト（巧緻性含む）、制作、口頭試問、運動、行動観察、とさまざまな形式で実力が試されます。また、ペーパーテストの出題分野も上記の通り多岐に渡っています。問題の難易度はさほど高くありませんが、頭の切り替えの速さが求められます。日頃の学習から「（解答の）制限時間を守る」「テスト形式の問題集を解く」といった工夫が大切です。
口頭試問では面接形式の課題と折り紙という内容でした。指示や質問にあわせて、きちんと受け答えができるようにしておきましょう。
巧緻性関連では、色を塗る、ハサミ使いが出題されました。運動・行動観察は、「自己の確立した人間を育てる」という学校方針の通り、自主性に観点が置かれています。具体的には、「指示を一度で聞き取る」「ルール、マナーを守れる」といった基準です。付け焼き刃の対策をするのではなく、日頃からそういった点に気を付けて指導するようにしましょう。

- 日程は男女で異なります。
- 入試は３時間ほどかかります。長時間の試験に対する備えをしてください。
- 制作テストでは「後片付け」も観点となっています。「きちんと片付ける」ことを身に付けてください。
- 運動テストは待機時の様子も観察されているようです。注意しましょう。

「京都教育大学附属京都小中学校」について

〈合格のためのアドバイス〉

当校は小・中9年間一貫教育で「キャリア教育」を中核に教育を推進し、2010年度に「京都教育大学附属小中学校」と改称しました。初等部（1～4年）、中等部（5～7年）、高等部（8・9年）の課程は独特のものであり、本校の教育方針をよく理解し、お子さまの適性・将来の進路を考えた上での受験をおすすめします。

考査は、男女別（日程も別）でペーパーテスト（巧緻性含む）、制作、口頭試問、運動テスト、行動観察が実施されます。志願者者は生年月日別（4月2日～9月30日、10月1日～4月1日）に2グループに分けて検査が行われます。また、本年度は、検査が午前中に行われました。検査も長時間に及ぶため、お子さまの体力と気力、精神的自立が必要です。それほど難度は高くありませんが、出題分野は幅広く、総合的な学力が問われると言えるでしょう。その中で、「普通のことが普通にできること」「指示を一度で理解し、行動に移せること」「ルール、マナーを守れること」「生活常識、道徳が身に付いていること」など、小学校受験では普遍的なテーマが問われています。当校受験のための特別な対策をとるというよりは、日常生活の中で躾を含めた学びを実践してしていくことが重要でしょう。

口頭試問は、1対1で行われます。答えがわかっていても、緊張から答えられないというお子さまもいるようです。初対面の人とも話せるようにふだんの生活の中でそういった機会を作り、自然にコミュニケーションがとれるように保護者の方は工夫をしてください。

〈2021年度選考〉

◆ペーパーテスト
◆制作
◆口頭試問
◆運動
◆行動観察

◇過去の応募状況

2021年度　非公表
2020年度　非公表
2019年度　男子183名　女子181名

入試のチェックポイント

◇受験番号は…「受付証明書提示順」
◇生まれ月の考慮…「あり」

〈本書掲載分以外の過去問題〉

◆見る記憶：見せた絵にあったものを選ぶ。[2017年度]
◆常識：仲間外れの絵を選ぶ。[2017年度]
◆図形：絵を重ねて正しい形を選ぶ。[2017年度]
◆常識：絵を時間の流れに沿って並べる。[2017年度]
◆図形：絵を○回、転がした時の形を選ぶ。[2017年度]
◆言語：絵を並べてしりとりをする。[2016年度]
◆常識：絵を見て太陽の出ている方向を考える。[2016年度]
◆常識：シーソーを使って一番重いものを見つける。[2016年度]

目指せ！合格！

家庭学習ガイド
京都教育大学附属桃山小学校

口頭試問　行動観察

入試情報

応募者数：非公表
出題形式：ノンペーパー
面　　接：なし
出題領域：口頭試問、行動観察

入試対策

当校の考査はノンペーパー（筆記用具を使わない形）で行なわれます。
例年、口頭試問で「系列」や「魚や草、海について説明する」「パズルを完成させる」「絵をお話の順番通りに並べる」などの出題がありますが、取り立ててそのための対策が必要というほどのものではありません。むしろ、年齢相応の常識がそなわっていること、受け答えがきちんとできるといったことが観点であることを保護者の方が認識しておけばよいでしょう。
行動観察では、「きちんとした生活ができているか」「集団の中においてルールが守れるか」という２つの観点で実施されているようです。これらは生活の中で身に付けるしかないものですから、保護者の方は、自らが規範となり、お子さまが理解できるように指導してください。理解がないまま表面的な指導を続けるとテストの場面で応用が利きません。行動観察では自主性や積極性も判断の基準となります。教え込まれた通りに取り組むのではなく、自然と身に付いた身のこなしで、楽しく積極的に考査に取り組むことを心がけましょう。

●志願者が男女各80名を超えた場合のみ抽選となります（例年、それ以上の志願者が集まるため、ほぼ確実に実施）。

「京都教育大学附属桃山小学校」について

〈合格のためのアドバイス〉

当校は、外部募集が男女約10数名と少ないため、例年10倍を超える高倍率となっています（内部進学は、この倍率には含まれていません）。また、願書提出時の注意事項が多いため、必ず確認しておく必要があります。

第２次選考合格者の抽選はなく、試験結果がそのまま合否に直結します。

検定の流れは、第１次検定で保護者による抽選を行い、日をあらためて第２次検定が行われます。２次のうち午前に行われる検査Ａは、本の読み聞かせや折り紙を折って待機した後、２名ずつの行動観察（生活巧緻性）と１対１の口頭試問が行われます。

親子での昼食（お弁当を持参）をはさんで午後に行われる検査Ｂは、４名１グループで取り組む行動観察が課されます。検査では難度の高いものはあまり出題されていませんが、躾や行動観察が主で、きちんとした聞き取り、躾、生活態度、協調性、考え方、言語表現などが観点として評価されます。

対策が取りにくい考査であることは間違いありませんが、だからこそ差がはっきりと表れます。このような観点の考査では日頃の家庭生活の結果が表れるとも言えますから、日頃の親子の関わり方、家庭生活、お友だちとの関わり方などを大切に過ごしましょう。

〈2021年度選考〉

◆行動観察
◆口頭試問

◇過去の応募状況

2021年度　非公表
2020年度　非公表
2019年度　非公表

入試のチェックポイント

◇受験番号は…「抽選」
◇生まれ月の考慮…「あり」

〈本書掲載分以外の過去問題〉

◆行動観察：数名でシートをたたんで片付ける。[2009年度]
◆口頭試問：カタツムリが道路にいた時どうするか。[2009年度]
◆口頭試問：星、ハート、三角の線の上に同じ形のパズルを置く。[2008年度]
◆口頭試問：絵を見て、絵の中の子どもに話しかける。[2008年度]
◆行動観察：紙芝居を座って聞く。[2007年度]
◆行動観察：４人で大玉を跳び箱の上に載せる。[2005年度]

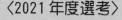

(得) 先輩ママたちの声！

◆実際に受験をされた方からのアドバイスです。
ぜひ参考にしてください。

京都教育大学附属京都小中学校

・試験は約３時間という長時間に及ぶので、体力・集中力を持続させることが何より大切です。ふだんから身体を動かし、規則正しい生活を心がけました。

・子どもが試験を受けている間、保護者はランチルーム（本年度は体育館）で待機します。待機中、校長先生と副校長先生から学校に関する説明がありました。

・出題分野は非常に多いです。不得意な分野を作らないように気を配りました。ペーパー対策だけでなく、生活体験から学べる環境を作るよう努力しました。

・受験をしたことで、親子の絆が深くなりました。テストの結果以上のものを得られたように思います。子どもも精一杯がんばってくれました。

京都教育大学附属桃山小学校

・集合時間から解散時間までは、約５時間かかりました。長時間の試験になるので、付け焼き刃では無理が出てしまうと思いました。

・寒い時期の試験なので、体調管理には気を遣いました。

・お昼ごはんはお弁当を持参して、親子でいっしょに食べます。

・第２次検定は、一度ランチルームにすべての受験生が集まり、そこから受験番号順に呼ばれ、試験を受けに行きます。待機している間は、先生が本を読んでくれたり、いっしょに折り紙を折ったりしてくれたそうです。

・解答方法が口頭によるものなので、日頃の会話を大切にして、いろいろなことを自分の言葉で答えられるように練習しました。

京都府版
国立小学校
過去問題集

〈はじめに〉

現在、少子化が叫ばれているにもかかわらず、私立・国立小学校の入学試験には一定の応募者があります。入試は、ただやみくもに学習するだけでは成果を得ることはできません。志望校の過去における出題傾向を研究・把握した上で、練習を進めていくこと、その上で試験までに志願者の不得意分野を克服していくことが必須条件です。そこで、本問題集は小学校を受験される方々に、志望校の出題傾向をより詳しく知って頂くために、過去に遡り出題頻度の高い問題を結集いたしました。最新のデータを含む精選された過去問題集で実力をお付けください。

また、志望校の選択には弊社発行の「2022年度版　近畿圏・愛知県　国立・私立小学校　進学のてびき」をぜひ参考になさってください。

〈本書ご使用方法〉

◆出題者は出題前に一度問題を通読し、出題内容などを把握した上で、〈 準 備 〉の欄に表記してあるものを用意してから始めてください。
◆お子さまに絵の頁を渡し、出題者が問題文を読む形式で出題してください。問題を読んだ後で、絵の頁を渡す問題もありますのでご注意ください。
◆「分野」は、問題の分野を表しています。弊社の問題集の分野に対応していますので、復習の際の目安にお役立てください。
◆一部の描画や工作、常識等の問題については、解答が省略されているものがあります。お子さまの答えが成り立つか、出題者が各自でご判断ください。
◆〈 時 間 〉につきましては、目安とお考えください。
◆解答右端の［○年度］は、問題の出題年度です。［2021年度］は、「2020年度の秋から冬にかけて行われた2021年度入学志望者向けの考査で出題された問題」という意味です。
◆学習のポイントは、指導の際にご参考にしてください。
◆【おすすめ問題集】は各問題の基礎力養成や実力アップにご使用ください。

〈本書ご使用にあたっての注意点〉

◆文中に **この問題の絵は縦に使用してください。** と記載してある問題の絵は縦にしてお使いください。
◆〈 準 備 〉の欄で、クレヨンと表記してある場合は12色程度のものを、画用紙と表記してある場合は白い画用紙をご用意ください。
◆文中に **この問題の絵はありません。** と記載してある問題には絵の頁がありませんので、ご注意ください。なお、問題の絵の右上にある番号が連番でなくても、中央下の頁番号が連番の場合は落丁ではありません。
下記一覧表の●が付いている問題は絵がありません。

問題1	問題2	問題3	問題4	問題5	問題6	問題7	問題8	問題9	問題10
問題11	問題12	問題13	問題14	問題15	問題16	問題17	問題18	問題19	問題20
	●								
問題21	問題22	問題23	問題24	問題25	問題26	問題27	問題28	問題29	問題30
		●		●					
問題31	問題32	問題33	問題34	問題35	問題36	問題37	問題38	問題39	問題40
		●		●	●		●		
問題41	問題42	問題43	問題44						
●	●								

〈附属京都小中学校〉

※問題を始める前に、本文１頁の「本書ご使用方法」「ご使用にあたっての注意点」をご覧ください。

※本校の考査は、色鉛筆を使用します。間違えた場合、訂正印は「×」を書くよう指導してください。

保護者の方は、別紙の「家庭学習ガイド」「合格ためのアドバイス」を先にお読みください。当校の対策および学習を進めていく上で、役立つ内容です。ぜひ、ご覧ください。

2021年度の最新問題

問題１　分野：巧緻性（運筆）

〈準備〉　青色鉛筆

〈問題〉　それぞれの絵を、線からはみ出さないように色を塗ってください。

〈時間〉　１分30秒

問題２　分野：数量（数える）

〈準備〉　青色鉛筆

〈問題〉　**この問題の絵は縦に使用してください。**
真ん中の四角に書いてあるものと全く同じものを、左の四角から数えて、右の四角にその数だけ○を書いてください。

〈時間〉　各10秒

問題３　分野：推理（座標の移動）

〈準備〉　青色鉛筆

〈問題〉　太線の丸の中に描いてある生きものが、それぞれ矢印の方向に、矢印の数だけ進みます。どこで出会いますか。○をつけてください。

〈時間〉　各20秒

問題４　分野：お話の記憶（男子）

〈準備〉　青色鉛筆

〈問題〉　お母さんとはるさんは、スーパーへ買い物に行きました。今日は晩ごはんにカレーを作るので、カレーのルーとジャガイモとニンジン、タマネギ、リンゴを買いました。買い物をしている途中に友だちに会いました。友達はお菓子とバナナを買っていました。
①はるさんの今日の晩ごはんは、何ですか。○をつけてください。
②お友だちは、何を買っていましたか。○をつけてください。
③はるさんは、何を買いましたか。○をつけてください。

〈時間〉　各15秒

問題5　分野：お話の記憶（女子）

〈準備〉　青色鉛筆

〈問題〉　たかし君は、友だちと公園へ遊びに行きました。はじめにブランコ、次にシーソーで遊びました。その後、たかし君はおやつにアメとドーナツを食べました。おやつを食べた後、たかし君は友だちと一緒に、砂場で山を作って遊びました。たかし君は、シーソーが、友だちは砂場で遊ぶのが気に入りました。
①たかし君と友だちが遊ばなかったものは、どれですか。○をつけてください。
②たかし君はおやつで何を食べましたか。○をつけてください。
③友だちが気に入った遊びは何ですか。○をつけてください。

〈時間〉　各15秒

問題6　分野：複合（常識・推理）

〈準備〉　青色鉛筆

〈問題〉　**この問題の絵は縦に使用してください。**
空いている四角に入るものを、右の絵から選んで、○をつけてください。

〈時間〉　各15秒

問題7　分野：推理（置き換え）

〈準備〉　青色鉛筆

〈問題〉　**この問題の絵は縦に使用してください。**
上の段に書いてあるのは、お約束です。左の四角に書いてあるものが、右の四角のように変わります。それぞれの段の左の四角のものは、どのように変わりますか。右の四角に書いてください。

〈時間〉　各30秒

問題8　分野：推理（座標の移動）

〈準備〉　青色鉛筆

〈問題〉　**この問題の絵は縦に使用してください。**
黒い矢印からスタートして、1番上の四角のお約束のように進みます。①②は、白い矢印のゴールまで、線を引いてください。③④では、白い矢印のゴールまで線を引きますが、途中太い線の四角の中には、当てはまる印を書いてください。

〈時間〉　各30秒

問題9　分野：知識（理科）

〈準備〉　青色鉛筆

〈問題〉　**この問題の絵は縦に使用してください。**
①②③
コップに水が入っています。絵に描いてあるように絵の具を溶かした時、２番目に色が濃くなるのはどれでしょう。それぞれの段で答えてください。
④⑤⑥
コップに水が入っています。絵に描いてあるように砂糖を溶かした時、２番目に甘くなるのはどれでしょう。それぞれの段で答えてください。

〈時間〉　各20秒

問題10　分野：巧緻性（運筆）

〈準備〉　青色鉛筆

〈問題〉　○から△まで線を引いてください。その時、同じ線の引き方をしてはいけません。また、線が中や外の四角にあたってはいけません。

〈時間〉　30秒

問題11　分野：制作

〈準備〉　青色鉛筆、Ａ４サイズの紙

〈問題〉　①上の○から、下の○まで、線にぶつからないようにちぎって、２枚にしてください。
②自由に絵を描いてください。描くところがなくなったら、裏に描いてもいいです。

〈時間〉　適宜

問題12　分野：複合（巧緻性・口頭試問）

〈準備〉　おはじき（８個）、ピンポン玉（４個）、皿（２枚）、箸

〈問題〉　**この問題の絵はありません。**

（口頭試問・男子）

・知っているトリを、３つ言ってください。その中で、どのトリが一番好きですか。それはどうしてですか。

・今からするお話を、同じように言ってください。

「キツネが３匹、山に行ってブドウをとり、肩を組んで楽しそうに帰ってきました」

（箸使い・男子）

・お皿に入っているおはじきを、「やめ」の合図まで、できるだけたくさん、別のお皿に箸で移してください。

・どうすればもっと上手くできると思いますか。

（口頭試問・女子）

・知っている乗り物を、３つ言ってください。その中で、どの乗り物が１番好きですか。それはどうしてですか。

・今からするお話を、同じように言ってください。

「キツネが３匹、山に行ってブドウを採り、肩を組んで楽しそうに帰ってきました」

（箸使い・女子）

・お皿に入っているピンポン玉を、「やめ」の合図まで、できるだけたくさん、別のお皿に箸で移してください。

・どうすればもっと上手くできると思いますか。

〈時間〉　適宜

家庭学習のコツ①　「先輩ママのアドバイス」を読みましょう！

本書冒頭の「先輩ママのアドバイス」には、実際に試験を経験された方の貴重なお話が掲載されています。対策学習への取り組み方だけでなく、試験場の雰囲気や会場での過ごし方、お子さまの健康管理、家庭学習の方法など、さまざまなことがらについてのアドバイスもあります。先輩ママの体験談、アドバイスに学び、ステップアップを図りましょう！

問題13　分野：運動

〈準　備〉　ボール（適量）、かご（4個）、マット

〈問　題〉　**この問題は絵を参考にしてください。**

（男子）

①3人1組、2グループで玉入れをします。マットの上から、自分のチームのカゴに、ボールを投げて入れてください。投げ方は自由です。ボールは後ろのカゴから、1人2個取ってきましょう。「始め」の合図でボールを投げて、投げ終わったら、また後ろのカゴからボールを持ってきて投げてください。床に落ちているボールは拾わないでください。これを、「やめ」と言われるまで続けてください。

（結果発表の後）

落ちているボールを箱に戻してください。戻し終わったら、最初に座っていた場所に戻って、三角座りをして待っていてください。

（女子）

②これから曲（ちびまる子ちゃん「踊るポンポコリン」）に合わせて踊ります。まずは、テレビモニターでお手本を見ましょう。次に、テレビモニターを見ながら、お手本の通りに踊ってください。踊る時は四角のマットの中で踊ってください。待つ人は後ろを向いて三角座りをして待っていてください。

〈時　間〉　適宜

問題14　分野：行動観察

〈準　備〉　青色鉛筆

〈問　題〉　**この問題は絵を参考にしてください。**

（4人グループで）

今から磁石でお家を作ります。お手本を見ながら作っても、自由に作っても、どちらでもいいです。グループでどのようなお家を作るか相談して、決まったら、白い板に磁石をつけて、作り始めてください。「やめてください」と言われたら、磁石を入っていたかごに片付けてください。片付けが終わったら、始めに座っていた場所に戻り、三角座りをして待っていてください。

〈時　間〉　15分

家庭学習のコツ②　**「家庭学習ガイド」はママの味方！**

問題演習を始める前に、試験の概要をまとめた「家庭学習ガイド（本書カラーページに掲載）」を読みましょう。「家庭学習ガイド」には、応募者数や試験課目の詳細のほか、学習を進める上で重要な情報が掲載されています。それらの情報で入試の傾向をつかみ、学習の方針を立ててから、対策学習を始めてください。

問題 1

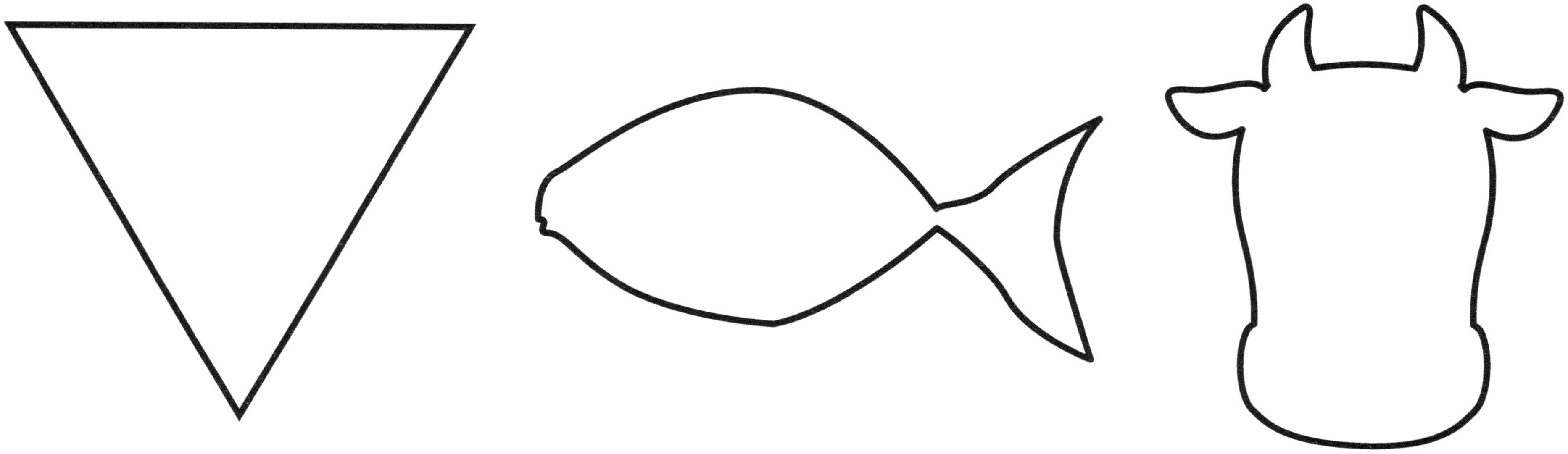

日本学習図書株式会社

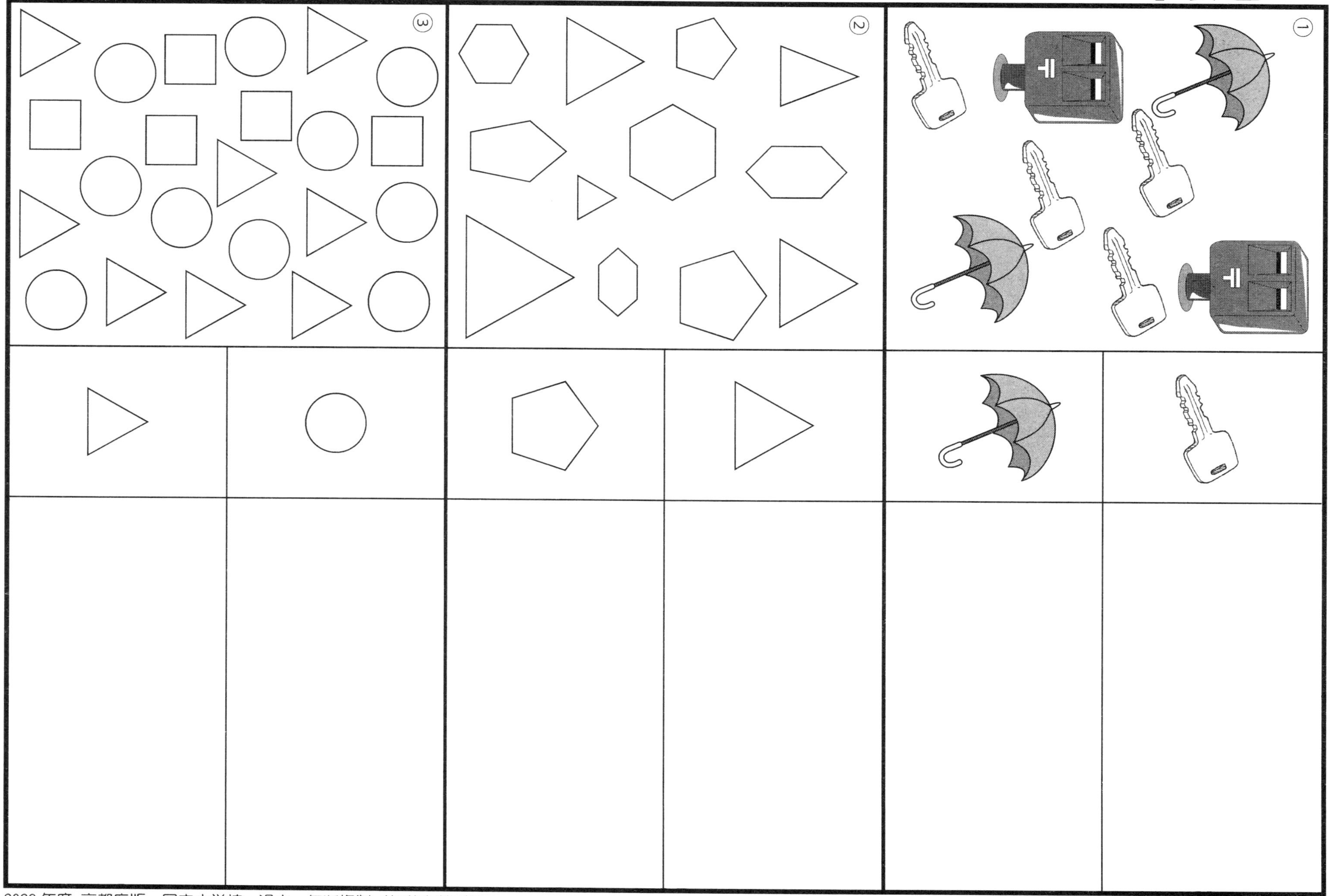

①

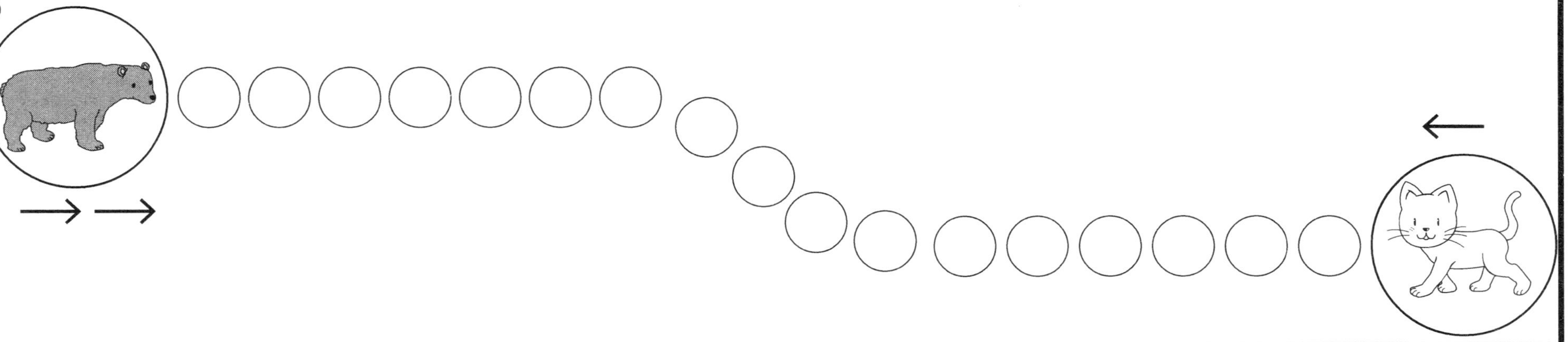

②

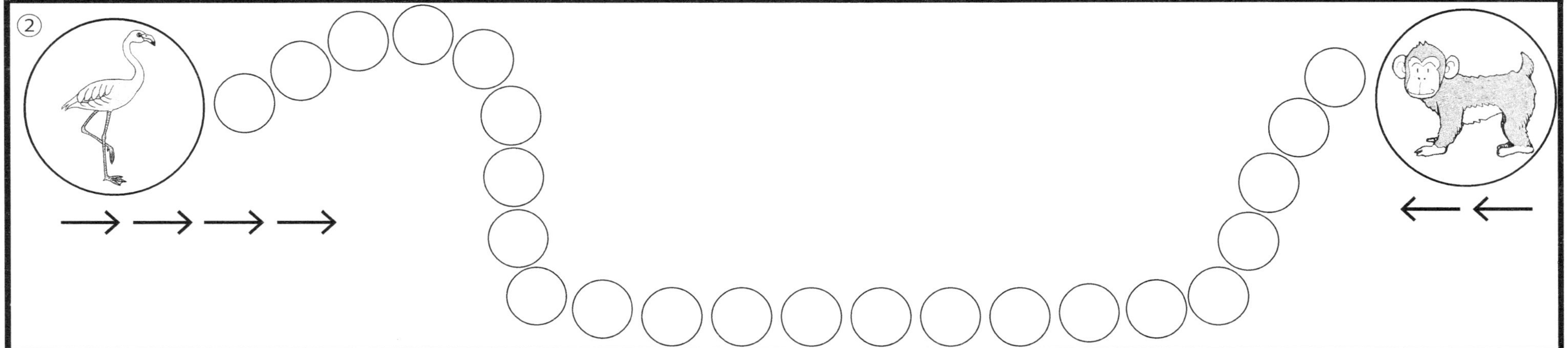

③

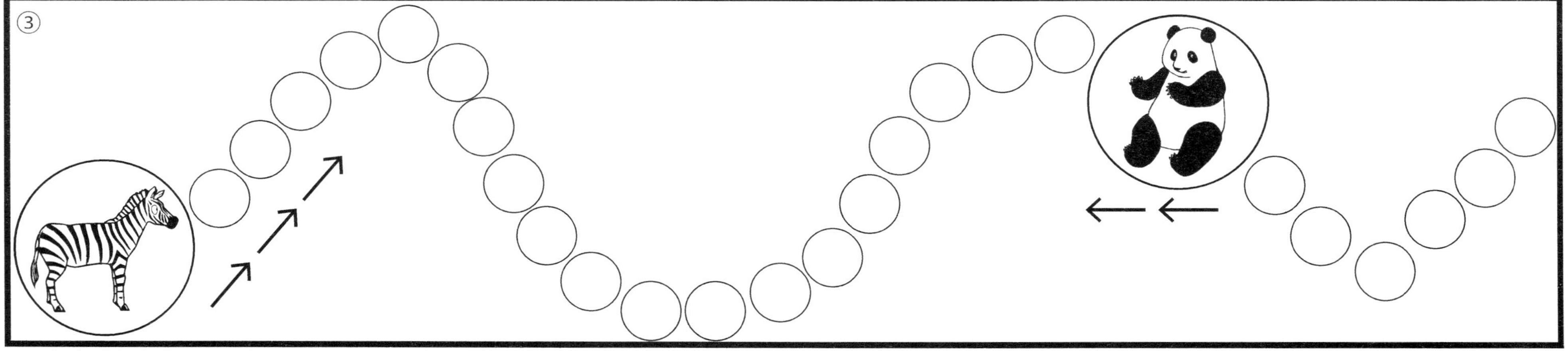

☆附属京都小中学校

問題4

①

②

③

問題5

①

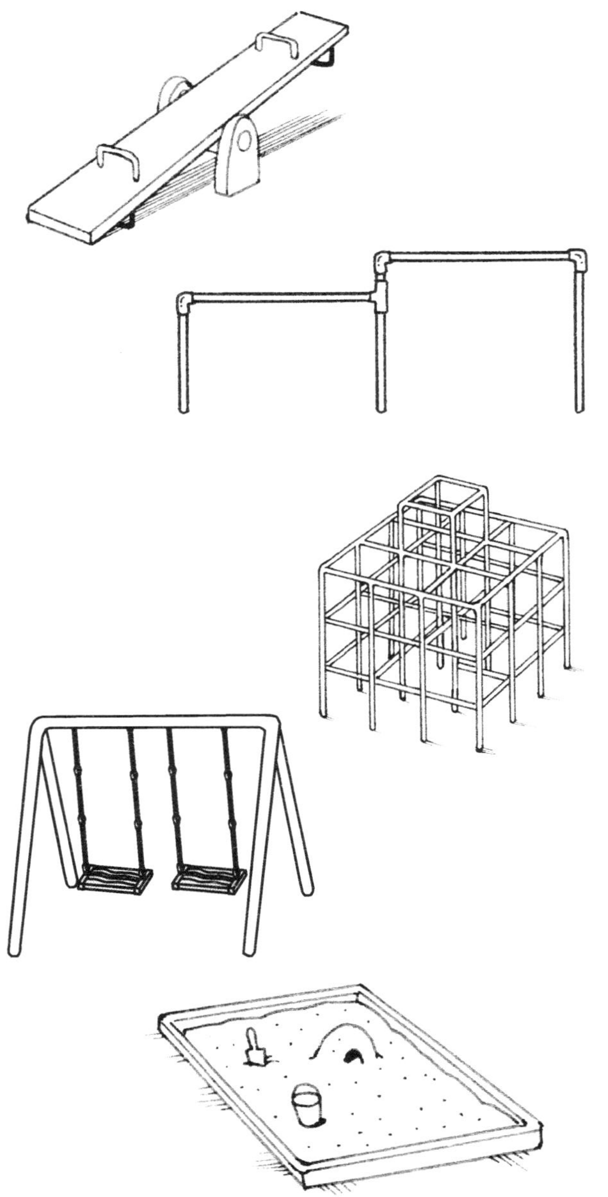

②

③

日本学習図書株式会社

問題 6

☆附属京都小中学校

①

②

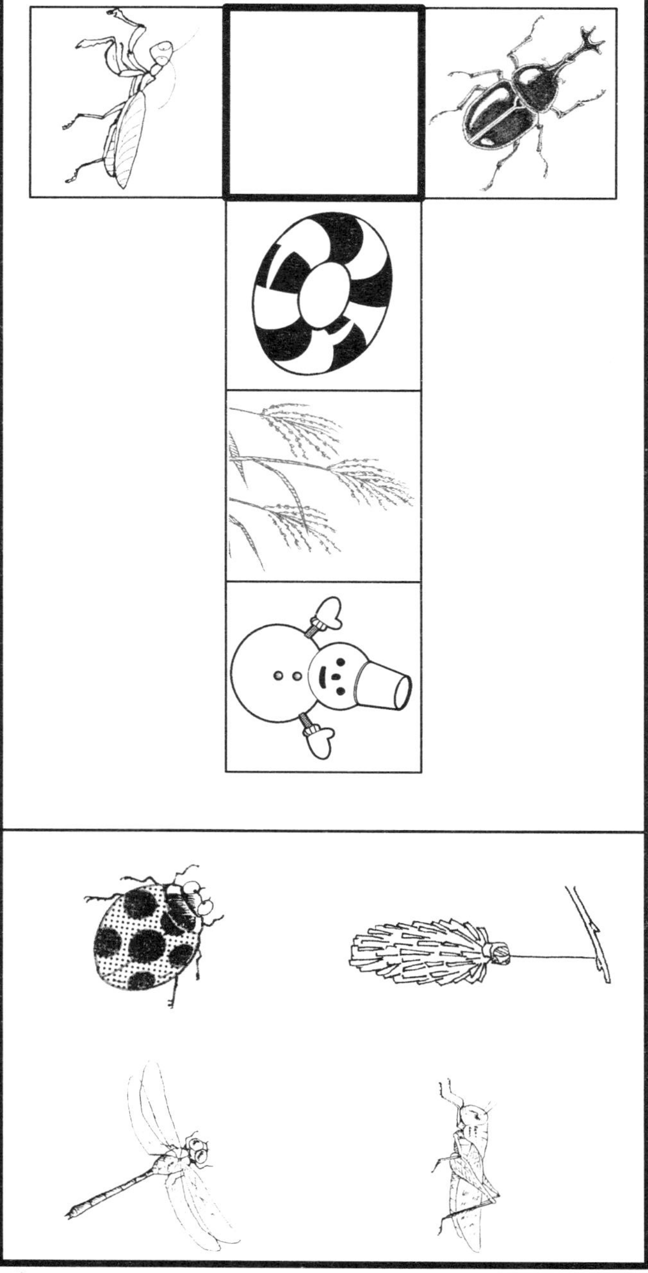

③

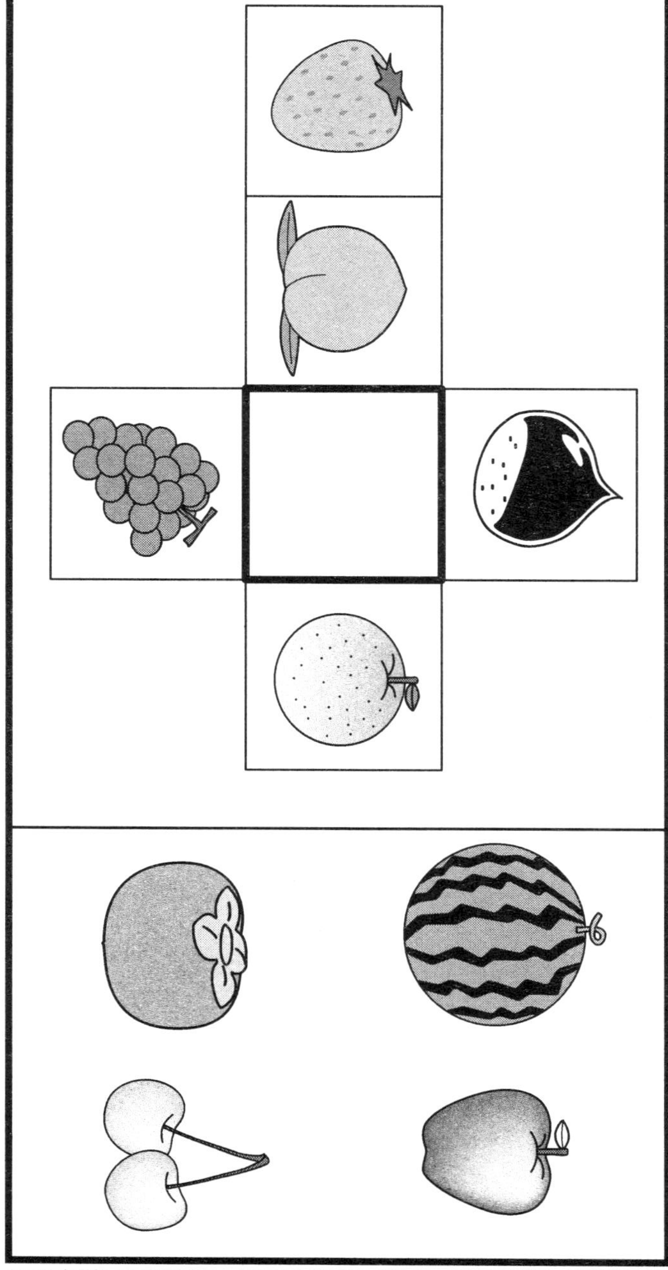

問題7

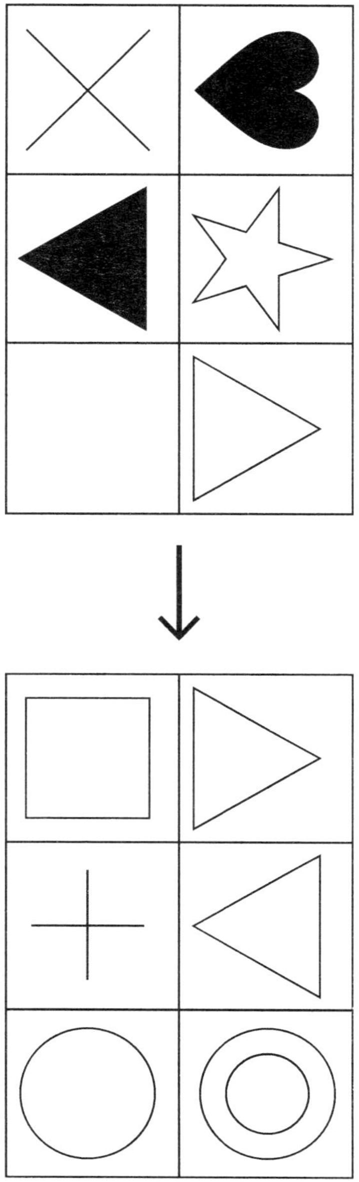

①

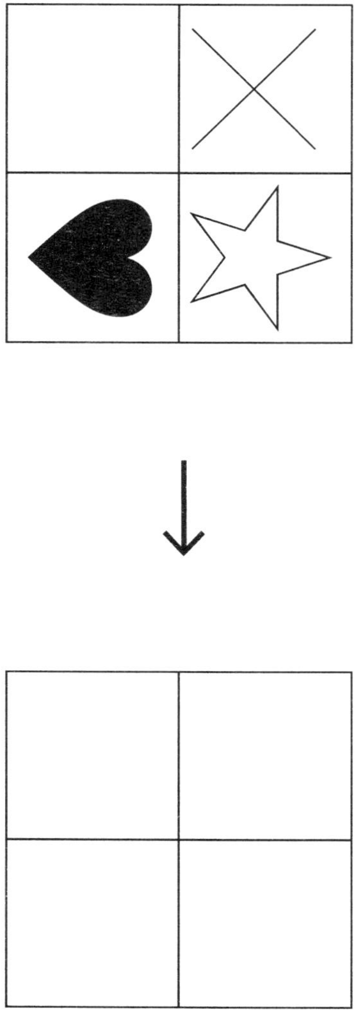

②

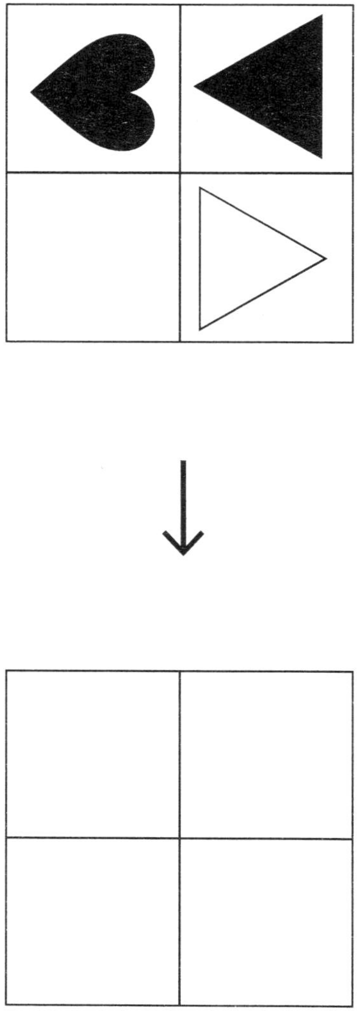

③

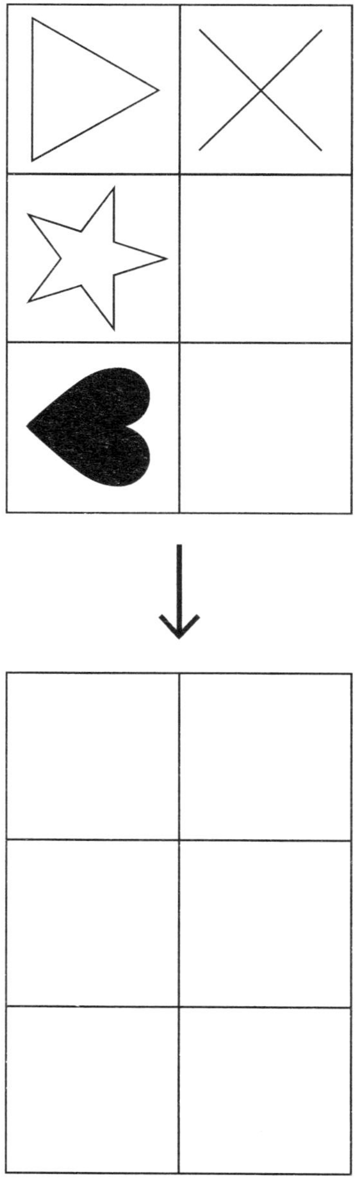

☆附属京都小中学校

問題8－1

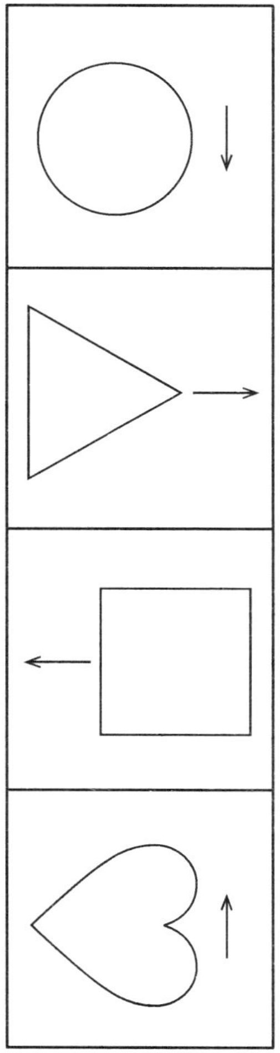

①

②

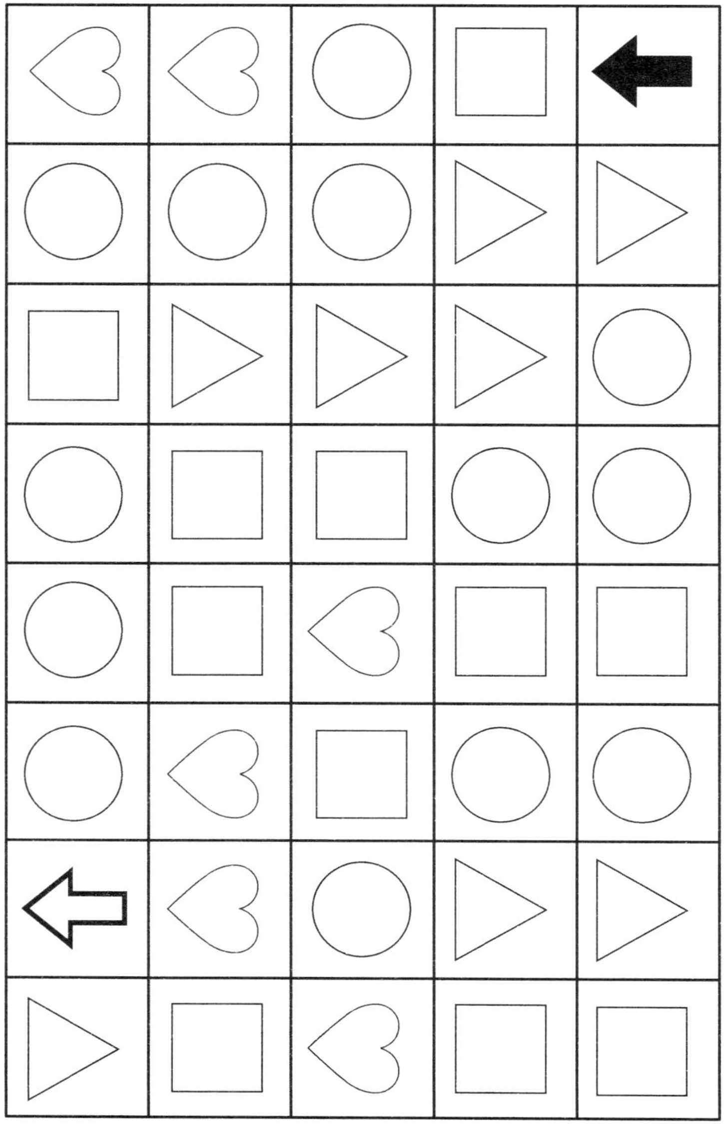

問題8－2

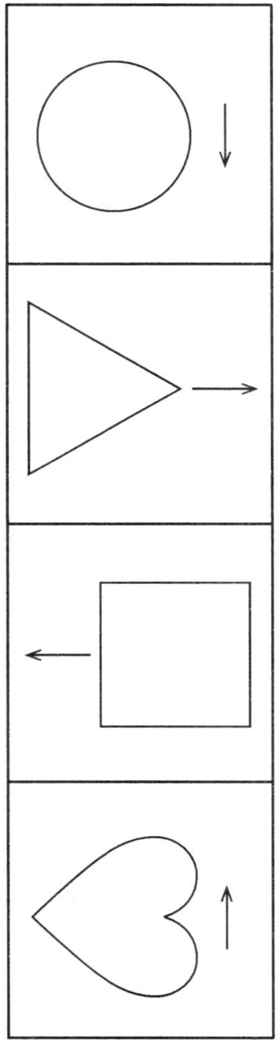

③

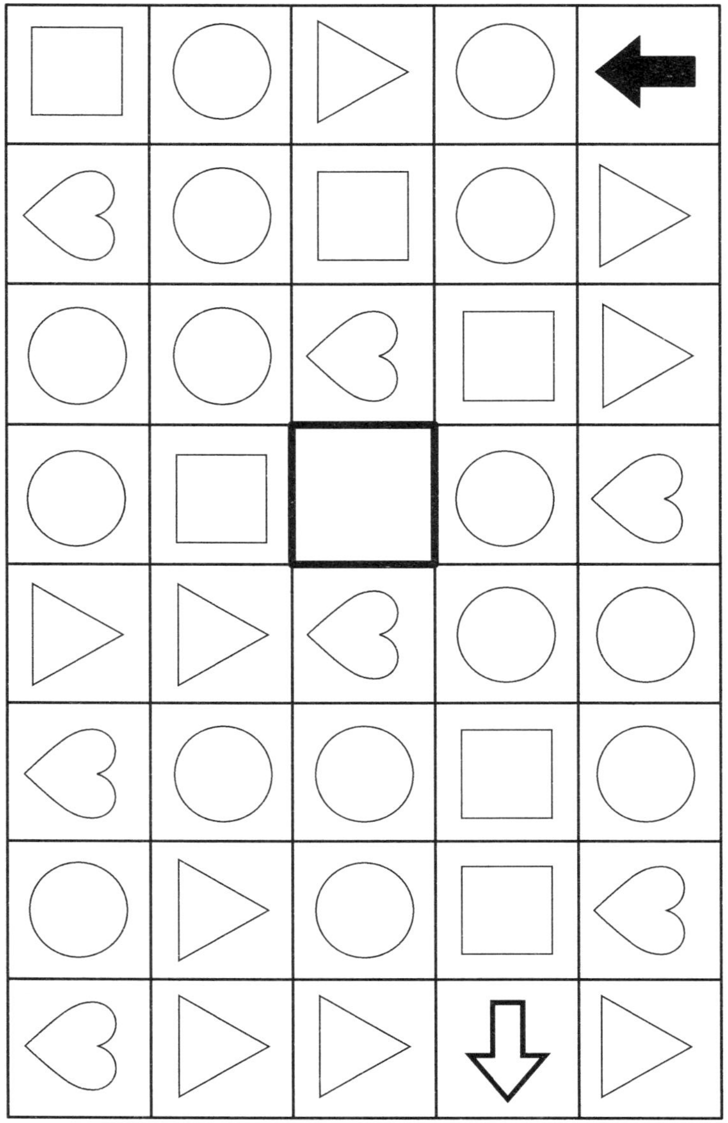

④

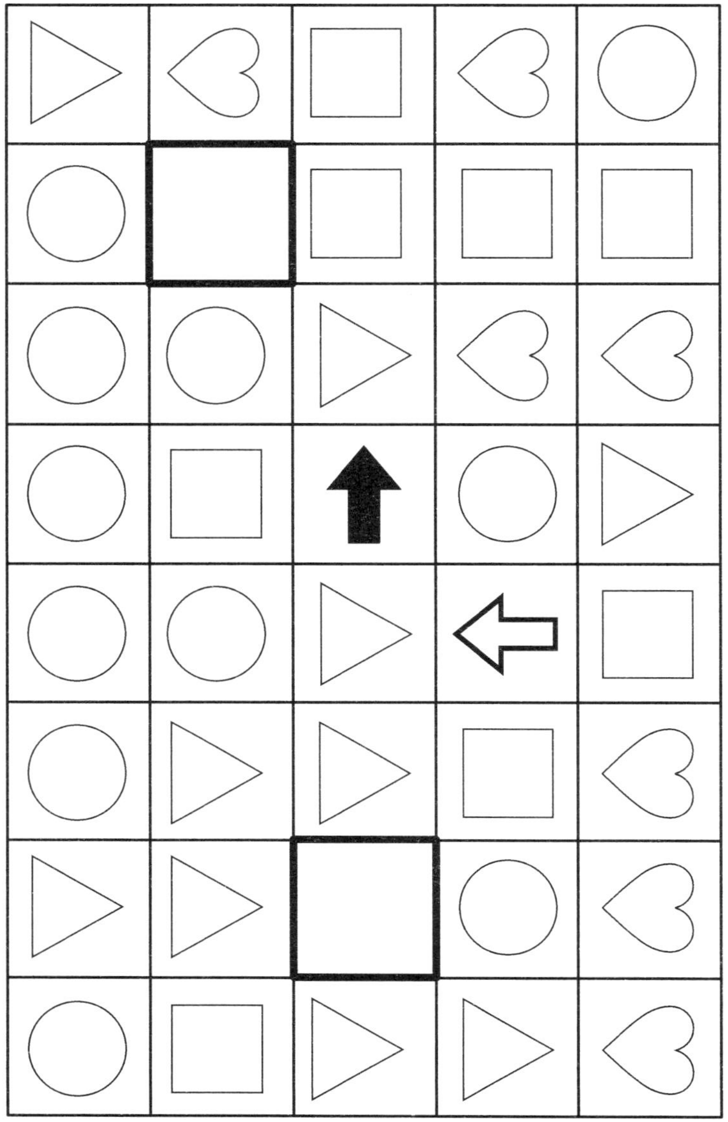

問題９－１

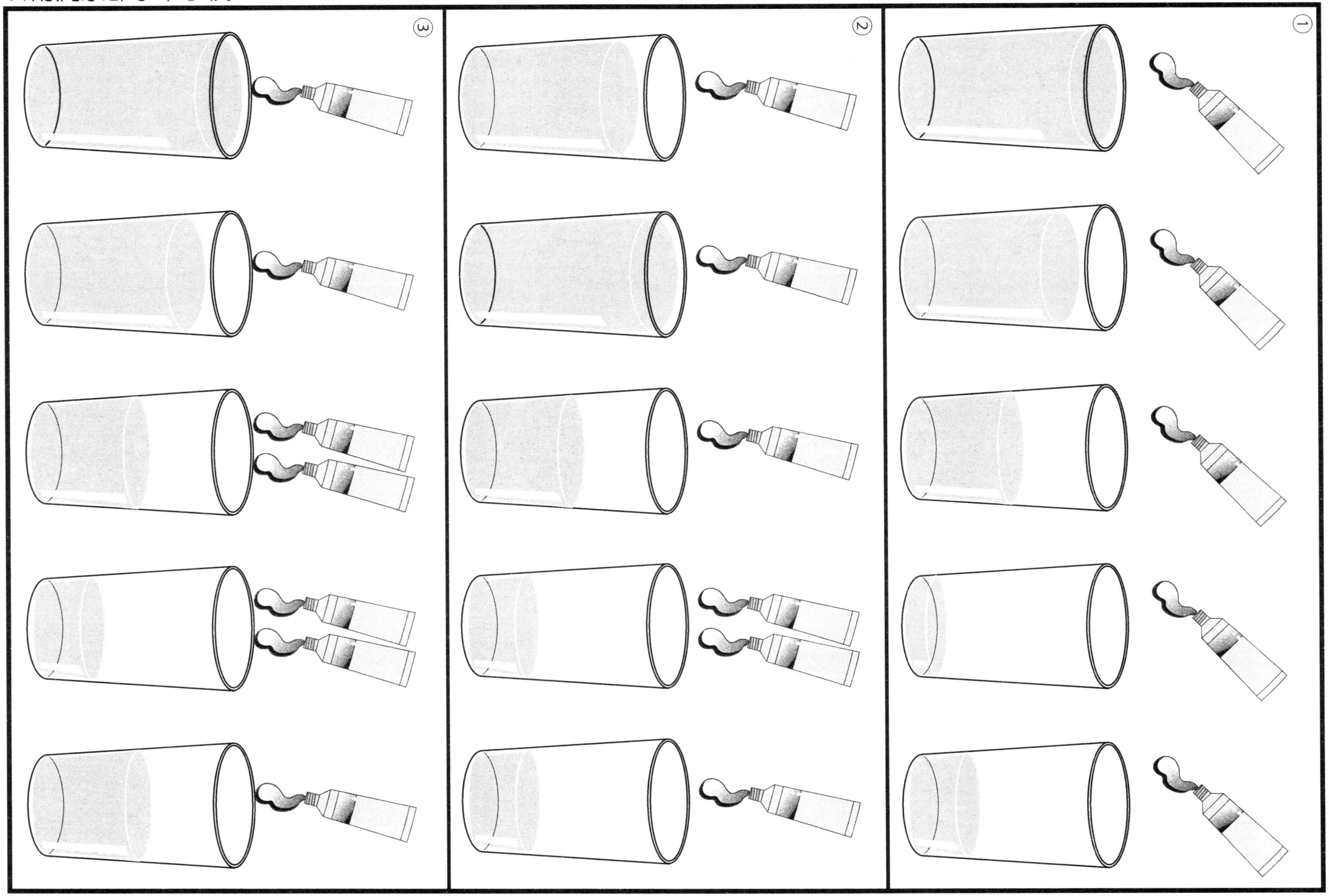

　

問題9－2

④

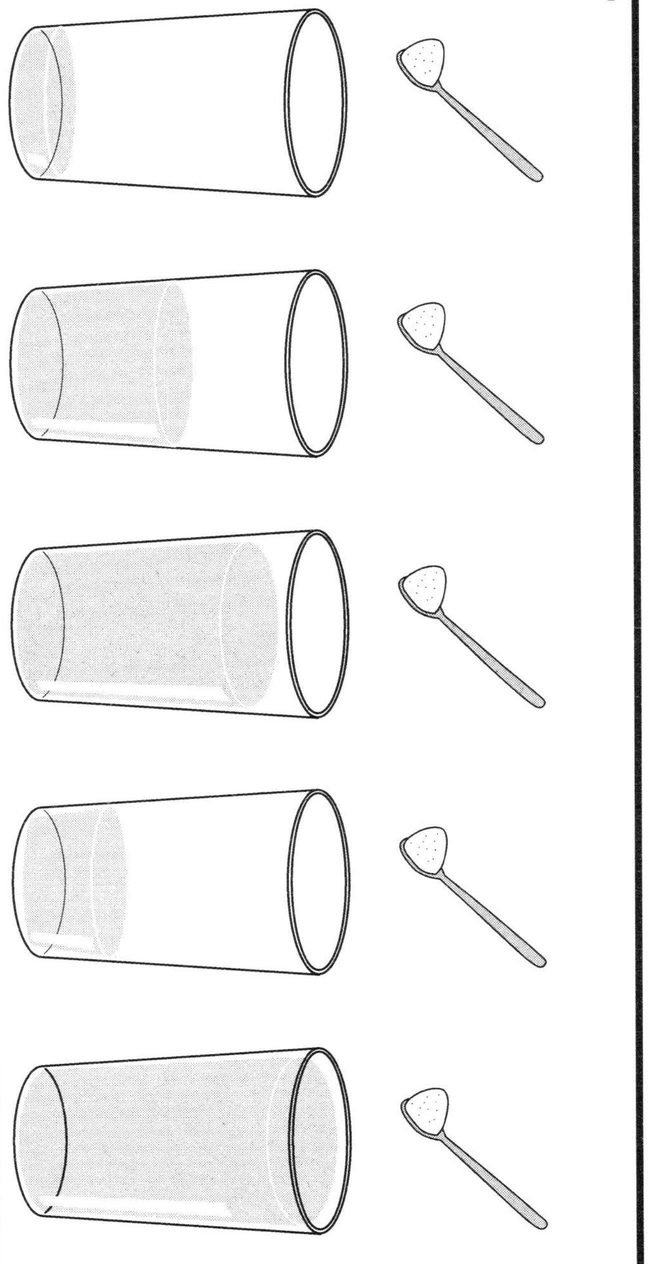

⑤

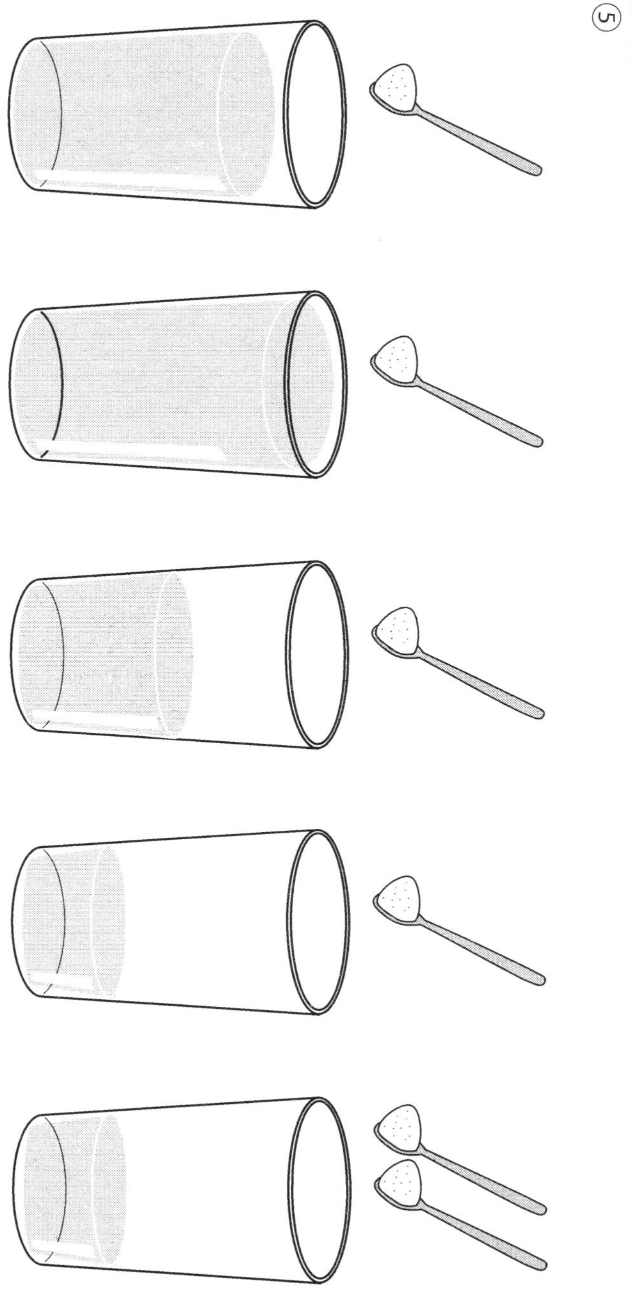

⑥

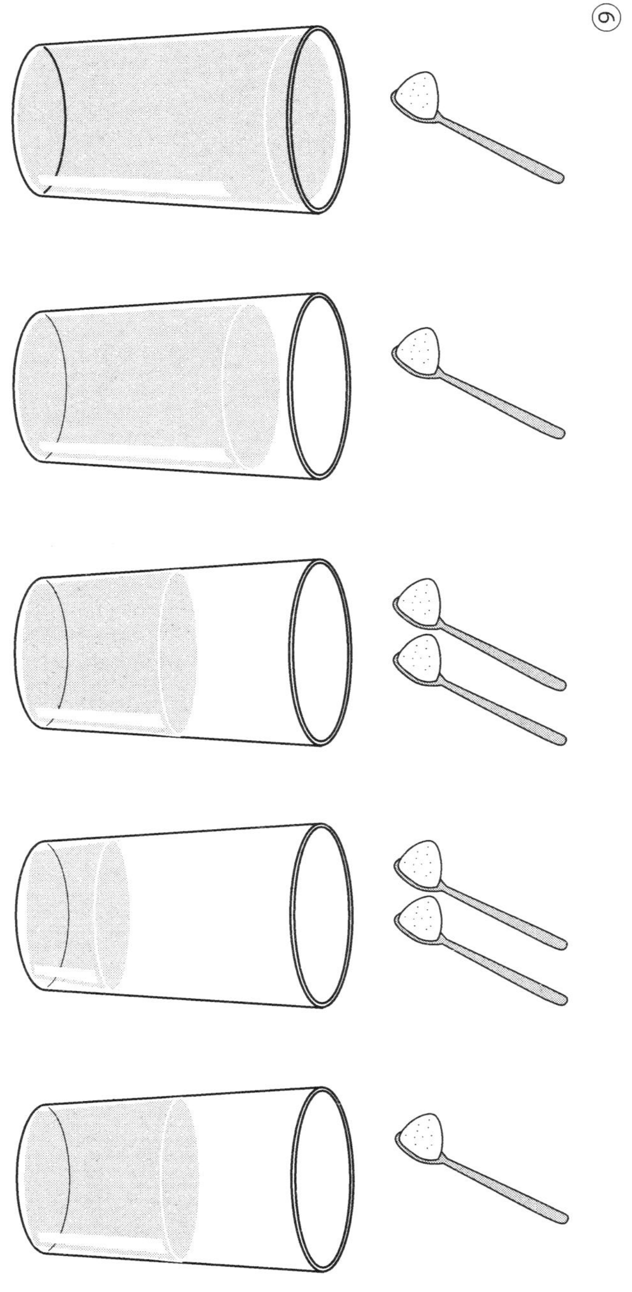

問題10

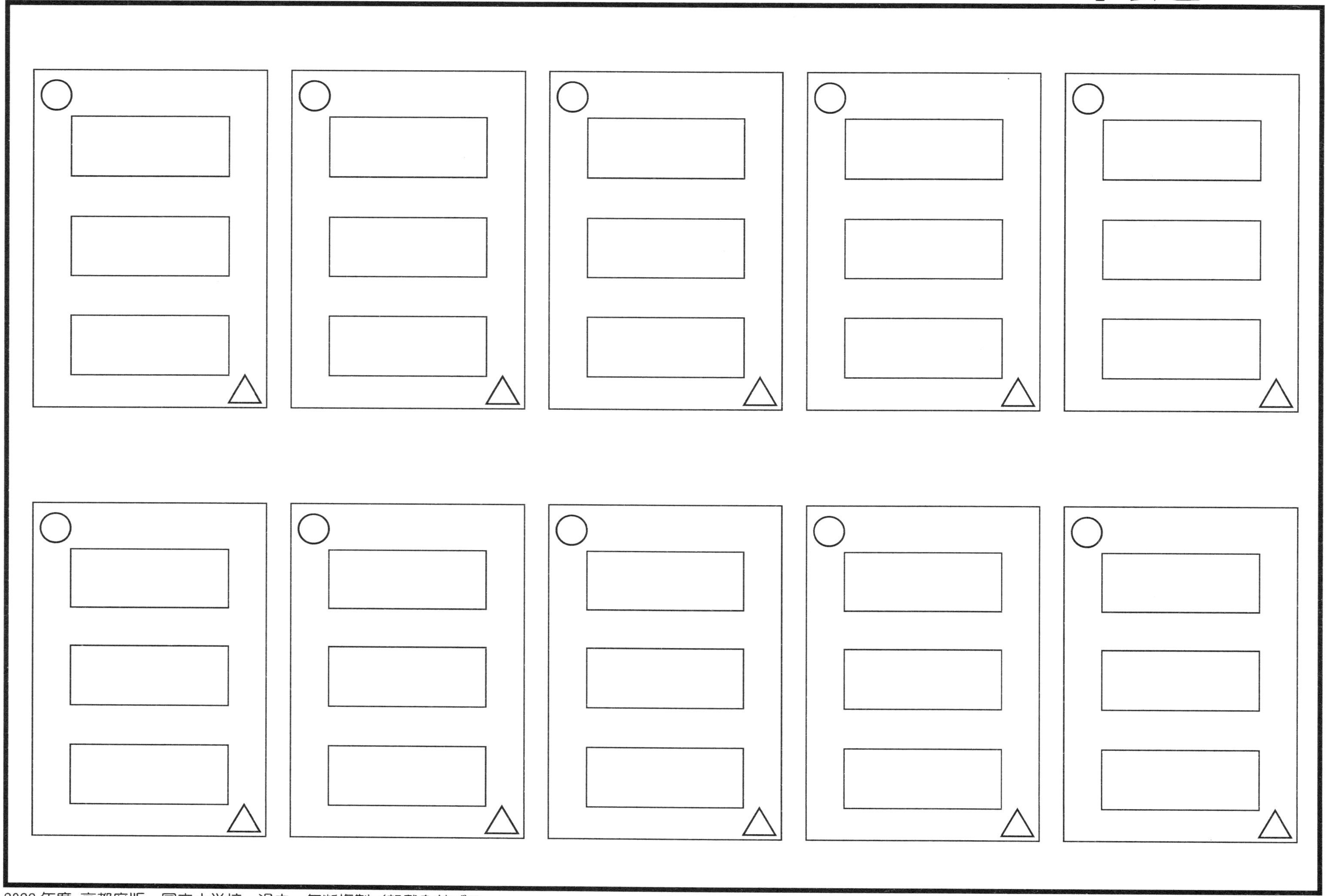

問題１１

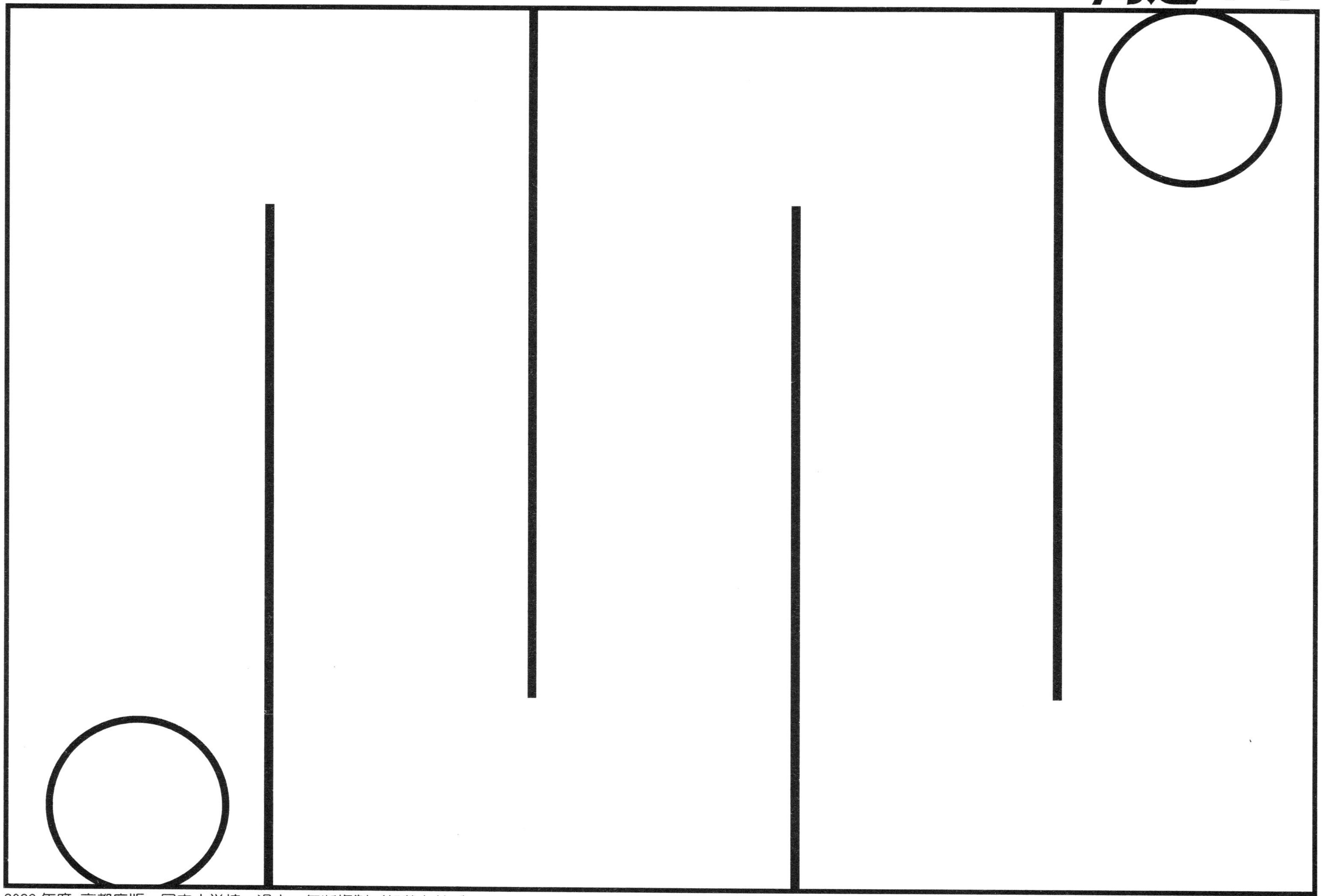

①

2022年度 京都府版 国立小学校 過去 無断複製／転載を禁ずる　日本学習図書株式会社

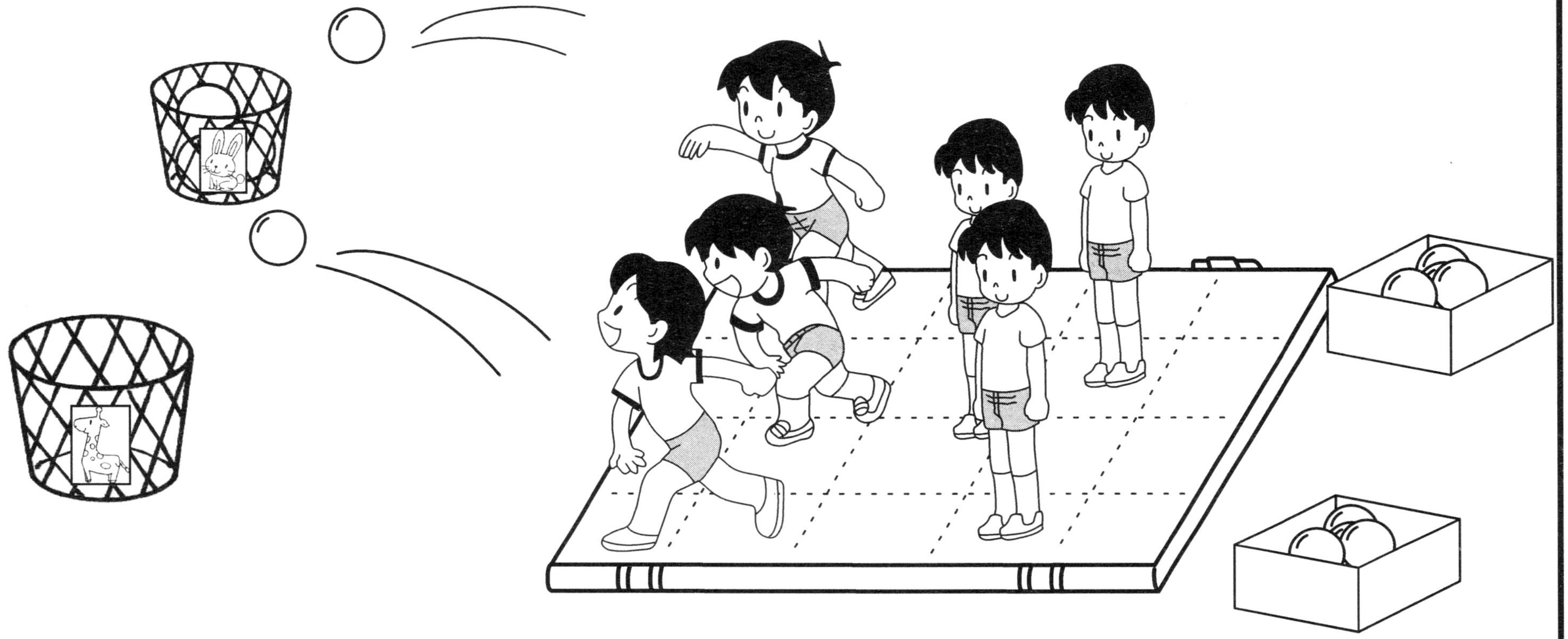

②

☆附属京都小中学校

2022年度 京都府版 国立小学校 過去 無断複製／転載を禁ずる 日本学習図書株式会社

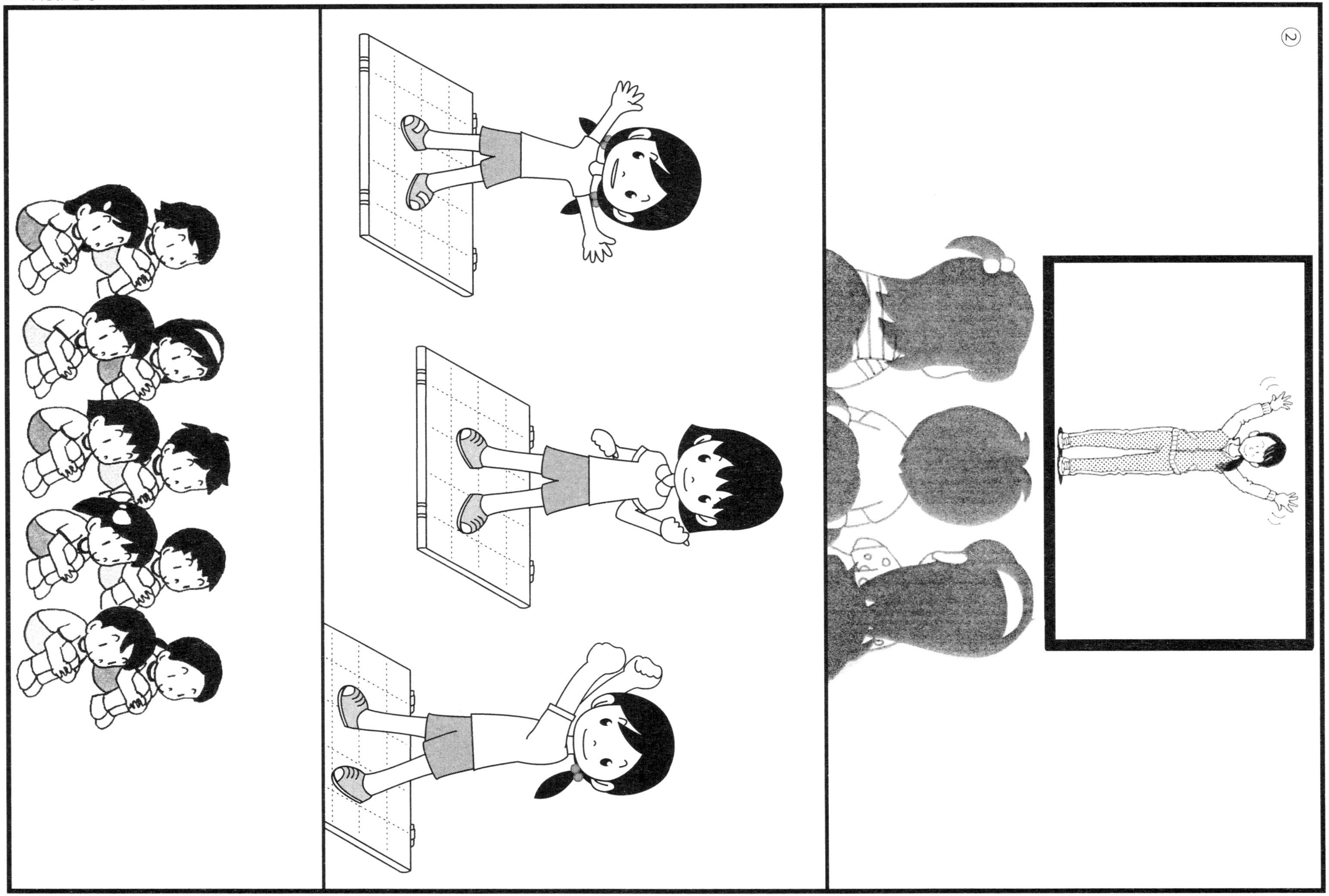

問題１４

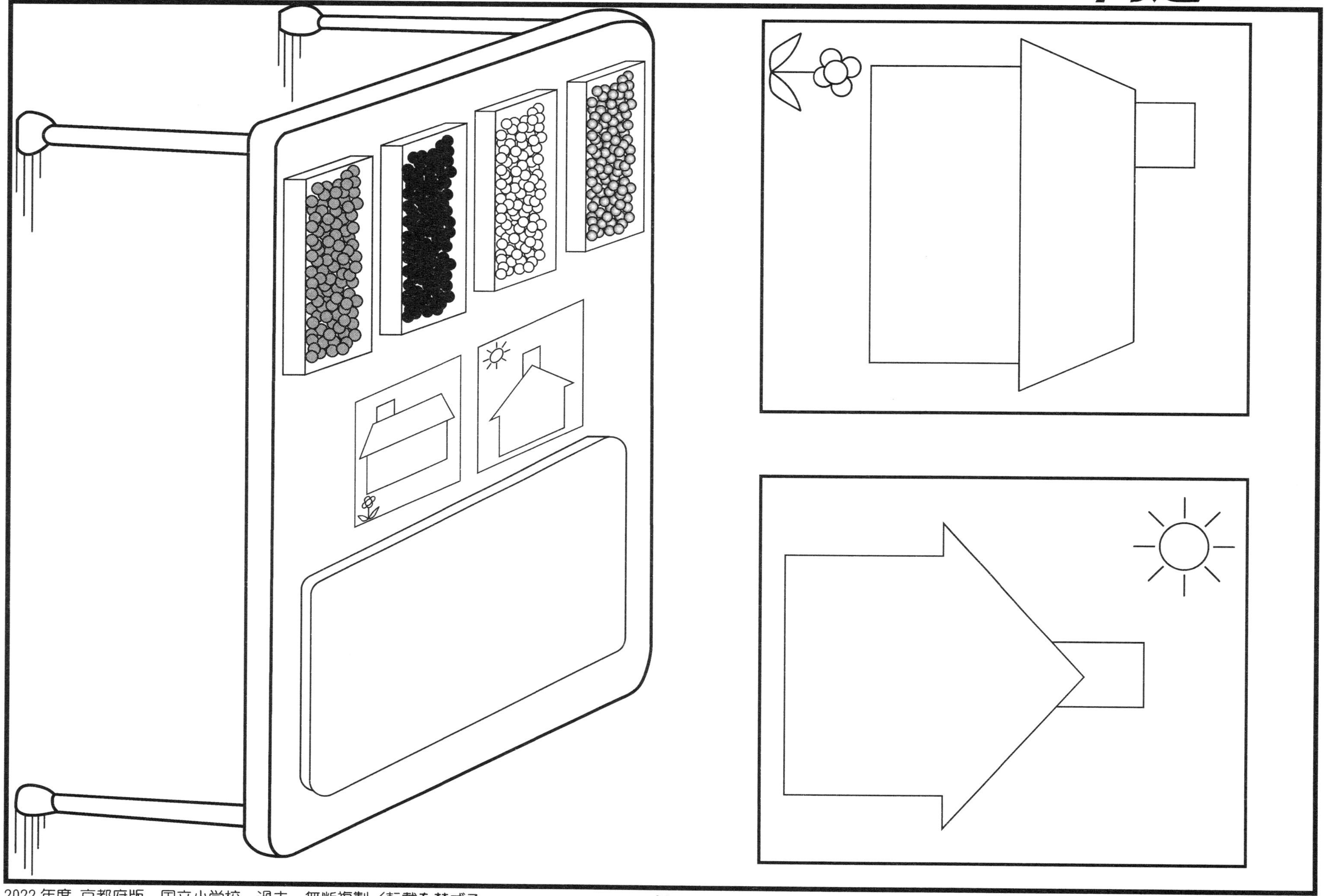

2021年度入試
解答例・学習アドバイス

解答例では、制作・巧緻性・行動観察・運動といった分野の問題の答えは省略しています。こうした問題では、各問のアドバイスを参照し、保護者の方がお子さまの答えを判断してください。

問題1　分野：巧緻性

〈解答〉　省略

枠からはみ出さないように、ていねいに色を塗らなくてはなりません。色を塗る対象は、大きな部分もあれば、細かな部分もあります。特に細かな部分をはみ出さずに塗るのは、ふだんからぬり絵に親しんでいないお子さまにとっては難しい課題でしょう。また、ペンの持ち方や線の強弱でていねいさもわかります。３つの絵すべてを塗りきることやきれいに塗ることももちろん大切ですが、課題にどれだけ集中し、どれだけていねいに行えているかも観られていると思ってください。テスト本番では緊張してしまいます。そんな中でも集中し実力が発揮できるように、ふだんから筆記用具の使い方を練習し、しっかり塗れるように準備しておきましょう。

【おすすめ問題集】

実践ゆびさきトレーニング①・②・③、Ｊｒ・ウォッチャー23「切る・貼る・塗る」

問題2　分野：数量（数える）

〈解答〉　①カギ：４　カサ：２　②△：２　５角形：１
③○：10　△：８

10以下の数を数える基本的な問題です。落ち着いて1つひとつ数えれば確実に解答できるでしょう。中でも物を数える問題では、お子さまは一瞬でいくつあるか見極められると思います。もしなかなか数が把握できないようでしたら、練習する際にはおはじきなどの実物を用いて練習し、数の概念を身に付けるところから始めるといいでしょう。図形の問題は、全く同じものを探す問題です。大小や形の違いに惑わされずに同じ物を見つけられるよう、集中して取り組みましょう。

【おすすめ問題集】

Ｊｒ・ウォッチャー14「数える」

問題3　分野：推理

〈解 答〉　下図参照

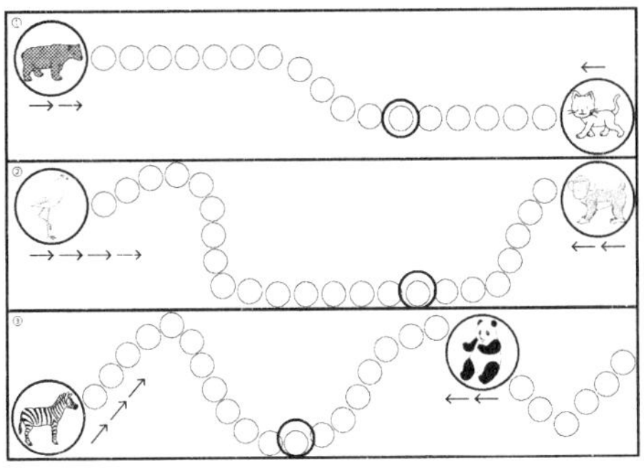

「推理」・「図形」分野の複合問題です。それだけではなく、進むマス目を数えると10以上の数にもなるため、数を足したり引いたりするといった、数に対する理解も必要になってきます。１つひとつを数えても答えは出ますが、テストでは時間内に解答することも大切です。素早く正確に解答するために、数えることや計算することに対する感覚を身に付けたほうがよいでしょう。また、どの方向にいくつ進むかは問題によってバラバラです。まずは指示を正確に聞くことから始めてください。

【おすすめ問題集】

Ｊｒ・ウォッチャー31「推理思考」、47「座標の移動」

問題4　お話の記憶（男子）

〈解 答〉　①カレー　②チョコレート、バナナ　③ジャガイモ、ニンジン、タマネギ

お話の記憶は、一昨年度より当校で出題されるようになった分野です。昨年、一昨年度との違いは、男女で出題が異なるという点と、話の長さが150字弱と短くなった点です。話の内容はどちらとも日常生活を扱ったもので、特に難しいものではありません。男子の問題では女の子が主人公、女子の問題では男の子が主人公という点が異なります。自分と違う性別の主人公には感情移入しにくいという意味ではちょっと変な感じがするかもしれませんが、質問される内容は基本的なものばかりですので、集中してお話を聞くようにしましょう。

【おすすめ問題集】

1話5分の読み聞かせお話集①・②、お話の記憶　初級編・中級編
Ｊｒ・ウォッチャー19「お話の記憶」

問題5　分野：お話の記憶（女子）

〈解答〉　①鉄棒、ジャングルジム　②アメ、ドーナツ　③砂場

女子の問題です。男子と同様150字弱という短いお話で、日常生活に即したわかりやすい内容です。女のお子さまの中には、公園の遊具には馴染みのない方もいらっしゃるかもしれません。しかし、小学校に入学すれば男女問わずコミュニケーションを取りますし、学内の遊具で遊ぶ機会も増えてきます。日頃から公園や同じ年頃のお子さまが集まる場所で遊べば、身近な物の名前を覚えていくでしょう。短いお話だからこそ、お話の細部にまで目が向けられるように、お話の内容が覚えられていないようであれば、何度もくり返して読み聞かせましょう。

【おすすめ問題集】
1話5分の読み聞かせお話集①・②、お話の記憶　初級編・中級編
Ｊｒ・ウォッチャー19「お話の記憶」

問題6　分野：複合（常識・推理）

〈解答〉　①キク　②テントウムシ　③カキ

「季節」に関する知識を問う常識の問題は、当校の入試における頻出分野の1つです。小学校受験の常識に必要な知識は、日々の生活や身近な遊びの中でお子さま自身が学習し、身に付けていくべき知識です。しかし、昨今の住環境の変化や温暖化などで、動植物を通して季節を感じることが少なくなっていると言われますから、問題集を解いてばかりいると実感のないまま知識を蓄えることになり、これから先の生活に役立つような「常識」となるかは微妙なところでしょう。道端の昆虫や花に目を向けたり、旬の食材を取り入れたりするなどして意識的に学んでください。なお、地域が違ったり、環境の変化によって、花の開花時期や、虫がよく見られる時期が変化しています。小学校受験の季節感と一般的なそれでは感覚的に異なっている場合があります。注意しておいてください。

【おすすめ問題集】
Ｊｒ・ウォッチャー34「季節」

家庭学習のコツ③　効果的な学習方法～問題集を通読する

過去問題集を始めるにあたり、いきなり問題に取り組んではいませんか？　それでは本書を有効活用しているとは言えません。まず、保護者の方が、すべてを一通り読み、当校の傾向、ポイント、問題のアドバイスを頭に入れてください。そうすることにより、保護者の方の指導力がアップします。また、日常生活のさまざまなことから、保護者の方自身が「作問」することができるようになっていきます。

問題7　分野：推理（置き換え）

〈解答〉　下図参照

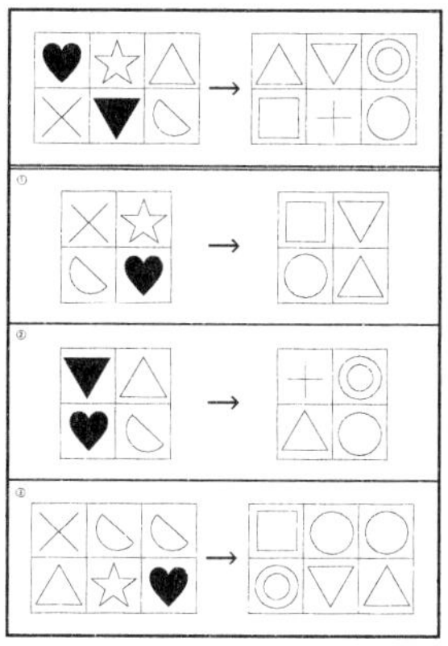

記号を別の記号で表す「置き換え」の問題です。全部で6種類の記号を置き換えるだけですから複雑なものではありません。落ち着いて取り組めば大丈夫でしょう。お手本の指示を全部覚えてから取り組むのもいいですが、お子さまの性格や理解度に合わせて解き方を変えてみるといいでしょう。マス目の中に記号を書くため、はみ出さないようにていねいに書けるかも観られています。ただ答えを書くだけではなく、マス目の中にきれいに記号が書けた方が印象がよいということです。

【おすすめ問題集】

Ｊｒ・ウォッチャー57「置き換え」

問題8　分野：図形（座標の移動）

〈解答〉　下図参照

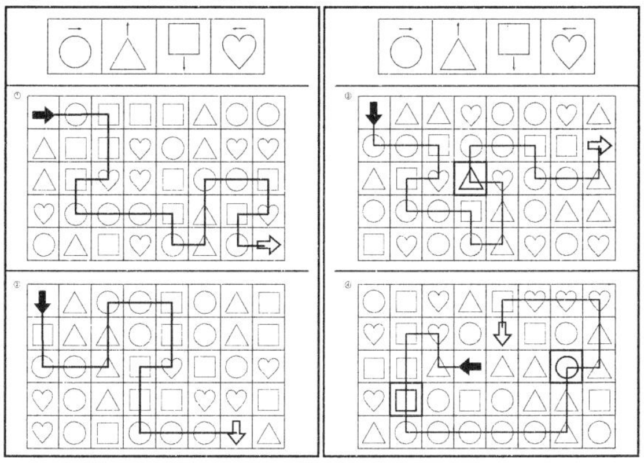

座標の移動の問題です。指示をしっかりと理解し、根気強く１つひとつていねいに行うことが大切です。①はスタートの位置とゴールの位置を正確に把握できていれば難しくはないでしょう。しかし、②には何も書かれていないマスがあります。指示通りにスタートから進むだけではなく、ゴールから逆方向にたどってみるなど、工夫をして解かなければなりません。座標の移動は、実生活ではなかなか体験できないものばかりですので、練習ではさまざまな問題に触れることで、視野を広げていくようにしましょう。

【おすすめ問題集】
Ｊｒ・ウォッチャー２「座標」、47「座標の移動」

問題9　分野：知識（理科）

〈解答〉　①右端　②右端　③真ん中　④右から２番目　⑤右から２番目　⑥真ん中

知識の分野、中でも理科の問題は当校で頻出の分野です。図鑑や映像から学べる知識だけではなく、本問のように、生活に根付いた知識が問われることも特徴です。本問は濃度を問う問題ですが、「２番目」という指示を聞き逃してしまうと、解答を間違えてしまうかもしれません。注意してください。この問題のような「～の濃さ」といった知識は理屈を学習するというより、日々の体験から理解していくものです。経験があれば１つひとつの問題はじっくり考えればさほど難しくはありません。保護者の方は日々の生活の中でお子さまに様々な体験をしてもらい、興味を持てるようにしてあげてください。

【おすすめ問題集】
Ｊｒ・ウォッチャー27「理科」、55「理科②」

問題10　分野：巧緻性（運筆）

〈解答〉　省略

運筆の問題です。筆記用具の使い方や持ち方、正しい姿勢を最初に覚えておくことが大切です。本問では、よりたくさん書くことももちろん大切ですが、同じ線の引き方をしない、中や外の四角にあたってはいけないなど、指示を正確に理解し、ていねいに取り組むことも大切です。急いだり焦ったりするとその感情が線に出ます。気持ちを落ち着けて、ていねいに線をひくようにしましょう。

【おすすめ問題集】
　Ｊｒ・ウォッチャー51「運筆①」、52「運筆②」

問題11　分野：制作（切る、描く）

〈解答〉　下図参照

①の問題は手で紙をちぎっていく問題です。一気に紙をちぎると失敗してしまうので、両手を上手に使い、ていねいに取り組むようにしてください。お子さまにとって、細かく線の周りをちぎるのは大変難しいことです。どのような紙でも上手にちぎれるように練習が必要です。②の自由画は課題画と異なりテーマがありません。あれも描こう、これも描こうと迷っていると、時間内に描ききれないかもしれません。そういった傾向のあるお子さまなら、「自由画ならコレを描く」と、あらかじめテーマを決めておくのも１つの手です。例えば、「幼稚園で遊んだ時の絵」や「お母さんが作ってくれた料理の絵」など、実際にあったこと、経験したことをテーマにするのです。

【おすすめ問題集】
　制作問題集、実践　ゆびさきトレーニング①・②
　Ｊｒ・ウォッチャー23「切る・貼る・塗る」

家庭学習のコツ④　効果的な学習方法～お子さまの今の実力を知る

１年分の問題を解き終えた後、「家庭学習ガイド」に掲載されているレーダーチャートを参考に、目標への到達度をはかってみましょう。また、あわせてお子さまの得意・不得意の見きわめも行ってください。苦手な分野の対策にあたっては、お子さまに無理をさせず、理解度に合わせて学習するとよいでしょう。

問題12　分野：複合（巧緻性・口頭試問）

〈解 答〉　省略

口頭試問は男子と女子に分かれていますが、難易度に差はありません。面接に際して、名前、家族、幼稚園、受験する学校についてなど基本的な事柄をきちんと答えられるようにしておいてください。当校の面接では、答えに対して「どうしてですか」と聞かれます。そうした追加の質問がありそうな場合には、理由まで答えられるように準備しておくといいでしょう。参考までに、過去の面接では、大切な人、お父さん（お母さん）を好きな理由、好きな絵本の名前、好きなスポーツ、宝物についてなどが質問されています。確認しておいてください。箸使いでは、正しく箸が持てているかが観られます。男子がおはじき、女子がピンポン玉と、つかむものの大きさに違いはありますが、どちらも滑りやすいものなので、練習が必要かもしれません。

【おすすめ問題集】
面接テスト問題集、小学校の入試面接Ｑ＆Ａ、新口頭試問・個別テスト問題集

問題13　分野：運動

〈解 答〉　省略

①は男子、②は女子が行う課題です。両方の課題に共通するのは、まず指示をしっかり聞くということと、その指示に従って行動するということです。もちろん、終わった後静かに座って待っていられるかも評価の対象になりますので注意しましょう。①の課題はグループ活動なので、積極性と協調性が観点です。自分だけがボールを投げるのではなく、順番にみんなで行えるような協調性と、前に出ていく積極性を見せましょう。②の課題は協調性が観点です。自分のことばかりではなく、他人のことにも気を配りましょう。

【おすすめ問題集】
新運動テスト問題集、Ｊｒ・ウォッチャー28「運動」、29「行動観察」

問題14　分野：複合（行動観察・制作）

グループで何かを作る課題も協調性が観点です。上手に制作できるかはさほど問題ではありません。指示をよく聞き、それに従い行動することはもちろんですが、それ以上に協調性がカギになってくるということです。自分勝手に進めるのではなく、他の子とよく話し合い、自分の意見をしっかり伝えるとともに、人の意見もしっかり聞くようにしましょう。自分の意見を押し通すあまり、ほかの子を仲間外れにしてはいけません。日々の生活で、協調性や他者を尊重するマナーを身につけるようにさせることです。

【おすすめ問題集】

Ｊｒ・ウォッチャー29「行動観察」

2020年度以前の過去問題

問題15　分野：巧緻性（塗る）

〈準 備〉　青色鉛筆

〈問 題〉　それぞれの絵の１番中にある線からはみ出さないように色を塗ってください。

〈時 間〉　１分30秒

〈解 答〉　省略

［2020年度出題］

学習のポイント

まず、どの部分を塗らなければいけないのかを、お子さまは理解できたでしょうか。「１番中にある線からはみ出さいように」ということは、真ん中の１番小さな形を塗ればよいということです。巧緻性の問題ではありますが、指示の内容を理解できているかどうかも問われています。いくら上手に色が塗れていたとしても、塗る場所が違っていたら評価はされません。このように、色を塗るというシンプルな課題だったとしても、出題の仕方によって問題が難しくなることがあります。しっかりと問題を最後まで聞いて、理解してから問題に取り組むようにしましょう。指示（話）を聞いていないというのは、小学校受験では大きなマイナス要素になってしまいます。

【おすすめ問題集】
　実践 ゆびさきトレーニング①・②・③、
　Ｊｒ・ウォッチャー23「切る・貼る・塗る」

問題16　分野：言語（しりとり）

〈準 備〉　青色鉛筆

〈問 題〉　それぞれの四角の中の絵でしりとりをした時に、つながらないものはどれでしょうか。選んで○をつけてください。

〈時 間〉　各30秒

〈解 答〉　①右下（竹馬）　②右上（ナス）　③左上（黒板）　④右下（そば）

［2020年度出題］

学習のポイント

本問のようにしりとりの始まりが示されておらず、つながらない絵も入っているので、お子さまにとっては少し難しく感じるかもしれません。どこから始めるか悩んでいるうちに、時間がなくなってしまうということがよくあります。そんな時は、どの絵からでもよいので、まず始めて、試行錯誤しながらつなげていくというのも１つの方法です。もちろん、全体の絵を見て最初から順番につなげていく方法でも構いません。お子さまのやりやすい方法を見つけてあげてください。問題が理解できたらすぐに取りかかれるように、解き方の「型」を持てるとスムーズに解けるようになります。こうした、問題の解き方も大事ですが、それ以前に年齢相応の語彙がなければ、正解することはできません。まずは、そうした基礎をしっかりと養っていきましょう。

【おすすめ問題集】

Ｊｒ・ウォッチャー17「言葉の音遊び」、18「いろいろな言葉」、
49「しりとり」、60「言葉の音（おん）」

問題17　分野：図形（模写・座標）

〈準備〉　青色鉛筆

〈問題〉　**この問題の絵は縦に使用してください。**
左の形と同じになるように、右の形に印を書いてください。

〈時間〉　各１分

〈解答〉　省略

［2020年度出題］

学習のポイント

当校では、例年、模写が出題されているのでしっかりと対策をとるようにしてください。とはいえ、それほど複雑な形というわけではないので、基礎的な学習をしっかり行っていけば充分に対応できる問題です。本問で扱われている座標は、図形分野の基礎となります。回転図形や対称図形などの問題に発展していく中で、位置の把握がしっかりできていないと、ますます理解できなくなってしまいます。座標は、図形分野の中で、あまり目立つことはありませんが、こうした基本をおろそかにせず、きちんと理解して次のステップに進むようにしてください。逆に言えば、座標さえできていれば、図形の基礎は身に付いているといっても過言ではありません。

【おすすめ問題集】

Ｊｒ・ウォッチャー２「座標」

問題18　分野：図形（合成）

〈準備〉　青色鉛筆

〈問題〉　左の形を作るのに必要な形はどれでしょうか。右の四角の中から３つ選んで○をつけてください。

〈時間〉　各30秒

〈解答〉　下図参照

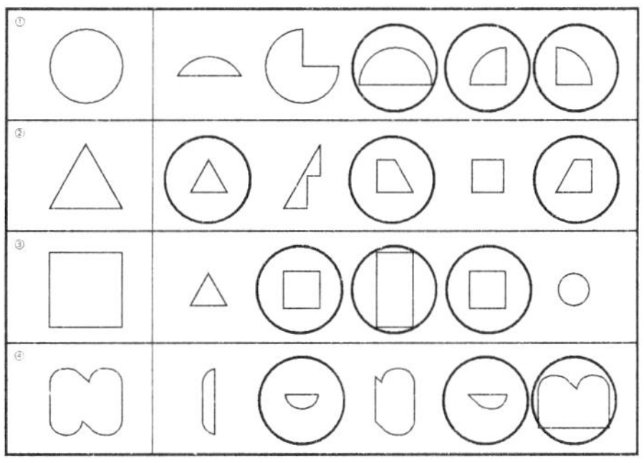

［2020年度出題］

学習のポイント

「３つ選んで」という指示をしっかり聞いていたでしょうか。①では、左から２番目と右端の２つで左の形を作ることができます。ですが、それでは不正解です。学習を重ねていくうちに、お子さまは解答用紙を見て「こういう問題だな」と予測ができるようになります。それは悪いことではないのですが、本問のように指示があったりするので、問題文を最後まで聞くということを徹底してください。こうしたパズルの問題は、ペーパーではなく、実際に動かしながら考えることが基本になります。問題集を切り取って、頭の中ではなく、目で見て手を動かすことで、図形を動かす感覚が身に付きます。そうした経験を積み重ねると、問題集などに描かれている図形を頭の中で動かすことができるようになるのです。ペーパーだけでなく、具体物を使って考えるという経験を大切にしてください。

【おすすめ問題集】
Ｊｒ・ウォッチャー３「パズル」、９「合成」、54「図形の構成」

問題19　分野：推理（シーソー）

〈準備〉　青色鉛筆

〈問題〉　上の見本のように釣り合っている時、下の？の四角の中にいくつ△が入れば釣り合うでしょうか。その数の分だけ１番下にある△に色を塗ってください。

〈時間〉　各１分30秒

〈解答〉　①△：２　②△：１　③△：３　④△：１

［2020年度出題］

学習のポイント

本文を解くためには、一対多の対応や置き換えの考え方を理解しておく必要があります。このどちらを使っても解くことができます。①を例にすると、見本は○1つに対し△2つで釣り合っているので、○3つは△6つになるという考え方が一対多の対応で、左の○3つを△6つに置き換えるというのが置き換えの考え方です。このように、解き方（考え方）は1つだけとは限りません。どちらの解き方が正しいということはなく、正解にたどり着くまでの過程が異なるというだけなのです。また、正解を書く際に、下の△に色を塗るのではなく、○をつけてしまったお子さまもいたのではないでしょうか。当校は、問題を最後まで聞いていないと間違えやすい、ちょっとしたひねりを加えた問題が見受けられます。基本的なことですが、問題を最後までよく聞きくように心がけましょう。

【おすすめ問題集】

Ｊｒ・ウォッチャー33「シーソー」、42「一対多の対応」、57「置き換え」

問題20　分野：図形（回転図形・模写）

〈準備〉　青色鉛筆

〈問題〉　上の段の見本を見てください。右の形は、左の形を回した時の形です。下の段の黒丸のついた線が右の四角のところまで回った時、どんな形になるでしょうか。右の四角に書いてください。

〈時間〉　各１分

〈解答〉　下図参照

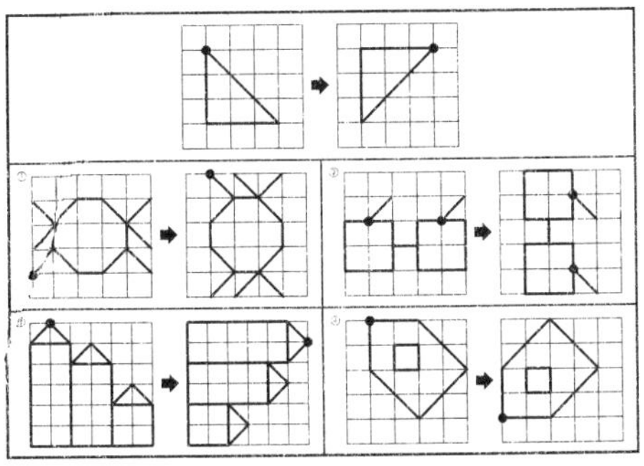

［2020年度出題］

学習のポイント

見本は示されていますが、それでも何を問われているのかがわからないお子さまもいるかもしれません。ひと言で言えば、回転図形の問題です。ただ、出題の仕方が独特なので、回転図形の問題とわかるかどうかがポイントになるでしょう。その上、回転図形とわかったとしても、回転した形を模写しなくてはいけません。そう考えると非常に難しい問題です。観察力、思考力、集中力などさまざまな力が必要になります。解答用紙を傾けながら解けば正解できるかもしれませんが、その方法では解答時間が足りなくなってしまうでしょう。そういう意味ではスピードも問われることになります。方眼紙さえあれば、簡単に問題を作ることができます。保護者の方がお子さまの理解度に合わせて問題を作ってあげてみてください。

【おすすめ問題集】

Ｊｒ・ウォッチャー46「回転図形」、51「運筆①」、52「運筆②」

問題21　分野：常識（理科）

〈準備〉　青色鉛筆

〈問題〉　左のくだものや野菜を切った時の正しい切り口はどれでしょうか。右の四角の中から選んで○をつけてください。

〈時間〉　各15秒

〈解答〉　①右から２番目　②左から２番目　③左端　④左端
⑤右から２番目　⑥右端　⑦右から２番目　⑧左から２番目

［2020年度出題］

学習のポイント

くだものや野菜の断面図は、以前に比べれば出題は少なくなりましたが、今でも時折出題されることがあるので、しっかり対応できるようにしておきましょう。こうした問題は、ペーパー学習で学ぶのではなく、生活の中で身に付けるようにしたいものです。実際にくだものや野菜を切ったものを目にするのと、問題集などで見るのとでは記憶の定着も違います。どんな切り口なのかを想像し、実際に目にすることは、ペーパー学習では得られない経験です。それに加え、触ったり、匂いを感じたり、食べたりすることで、より多くの情報を得ることができます。名前や形を知ることだけが知識ではありません。入試に直接関係ないことかもしれませんが、実際に触ったり、感じたりすることは、大切な経験になるのです。

【おすすめ問題集】

Ｊｒ・ウォッチャー12「日常生活」、27「理科」、55「理科②」

問題22　分野：制作（切る、塗る）

〈準備〉　①ハサミ　②青色鉛筆、Ｂ４サイズの画用紙

〈問題〉　①ハサミで３本の線を切ってください。その時、上の太い線からはみ出さないようにしましょう。
②自由に絵を描いてください。

〈時間〉　適宜

〈解答〉　省略

［2020年度出題］

学習のポイント

基本的な巧緻性の問題です。指示は、「線に沿って切る」「上の線からはみ出さないように切る」という２点だけです。アドバイスをするとすれば、切る時にはハサミを動かすのではなく、紙を動かすようにするということです。ハサミは動かさずまっすぐにして、左手を使って、線の上にハサミの刃が来るように紙を動かすようにしましょう。上手に切れていないと感じるようでしたら、ハサミが使えていないのではなく、左手が上手く使えていないのかもしれません。お子さまを注意して見てあげるようにしてください。自由画は、名前の通り自由に描いてよいので細かなことを言わず、のびのびと描かせてあげてください。悪いところを見つけるのではなく、よいところを褒めるようにしてあげましょう。

【おすすめ問題集】
Ｊｒ・ウォッチャー22「想像画」、23「切る・貼る・塗る」、24「絵画」

問題23　分野：口頭試問

〈準備〉　折り紙

〈問題〉　この問題の絵はありません。
（３～６人のグループで行う）
【面接形式】
「好きなお手伝いを教えてください」
「好きな食べものは何ですか」
「好きな遊びは何ですか」
※言える人は手を挙げてくださいと言われる場合と、１人ひとり回答させる場合がある。回答の後に「それはどうしてですか」という質問がある。
【折り紙】
①先生と同じように折り紙を折ってください（折り紙を半分に折って、また半分に折る）。
②（質問）折り紙で何を折るのが好きですか。
③それでは、今言った折り紙を折ってください。
④最後に元気よく挨拶をして教室を出ましょう。折り紙は緑のかごに入れてください。

〈時間〉　適宜

〈解答〉　省略

［2020年度出題］

学習のポイント

難しい質問や難しい課題ではないので、落ち着いて対応できれば問題ないでしょう。こうした当たり障りのない質問の場合は、どんな回答をするのかではなく、答える時を含めた態度や取り組む姿勢を観ています。気を付けるとすれば、最初の質問ではなく、「それはどうしてですか」という質問の方でしょう。答えの根拠を聞かれているので、「〇〇だから××です」というように、論理的に答えなければなりません。「折り紙で何を折るのが好きですか」→「それでは、今言った折り紙を折ってください」のように、折り紙の課題でも同じような形で質問が重ねられます。当校では、こうした根拠を求められるので、しっかりと考えて答える必要があります。

【おすすめ問題集】
新口頭試問・個別テスト問題集、新ノンペーパーテスト問題集、面接テスト問題集

問題24　分野：運動

〈準備〉　マット、平均台、踏み台

〈問題〉　この問題は絵を参考にしてください。
①（タブレットで見本を見せる）
このように、マットの上ででんぐり返しをしてください。終わったら元のところに戻って座ってください。
②マットの上でケンパ・ケンパ・ケンケンパーをして、最後に好きなポーズをとってください。終わったら元のところに戻って座ってください。
③落ちないように平均台を渡ってください。終わったら元のところに戻って座ってください。
④（タブレットで見本を見せる）
このように、リズムに合わせて階段ゲームをしましょう。終わったら元のところに戻って座ってください。
※「チーン・カン・カン・カン、チーン・カン・カン・カン」のリズム。

〈時間〉　適宜

〈解答〉　省略

［2020年度出題］

学習のポイント

難しい課題はありません。小学校入試でよく見かける運動課題がほとんどです。④の階段ゲームはあまり見かけない課題ですが、４拍子で踏み台を登り降りするというものなのではじめてだったとしても戸惑うようなものではないでしょう。誰にでもできる課題ということは、課題以外の部分が観られているということでもあります。課題ができたかどうかではなく、取り組む姿勢や待っている時の態度などが重要になってきます。実際、試験の時には、課題が終わるたびに「終わったら元のところに戻って座ってください」という指示があったようです。こうした指示を守ることはもちろんですが、指示がなくても周りに迷惑をかけるような行動をしないようにしましょう。

【おすすめ問題集】
新運動テスト問題集、Ｊｒ・ウォッチャー28「運動」

問題25　分野：行動観察（自由遊び）

〈準備〉　ボウリングのボールとピン（10本、ペットボトルでもよい）、紙コップ（10個程度）、ゴムボール、かご

〈問題〉　**この問題の絵はありません。**
ここにある、玉入れ、ボウリング、紙コップ積みのどれで遊んでもいいです。ケンカしないで仲良く遊びましょう。遊び終わったら必ず片付けてください。「やめ」の合図があったら遊びをやめて、みんなで協力して片付けをしましょう。

〈時間〉　15分

〈解答〉　省略

［2020年度出題］

学習のポイント

行動観察では、集団の中でどのように振る舞うかが観られます。自由に遊びつつも、他者を尊重し、マナーを守るようにしてください。まずは、日常の遊びの中で、おもちゃを独占したり、ほかの子が遊んでいるものを取り上げたり、ほかの子を仲間外れにしたりすることはいけないことだと理解させましょう。そして、子どもが多く集まる公園などで遊ばせ、協調性や気配りなどを、子どもなりの「社会」で学ばせてください。自分から仲間に入っていける積極性、お友だちの輪に入れずにいる子に声をかける配慮、みんなで楽しく遊ぶために工夫する姿勢などを身に付けることができると、行動観察でも高い評価を得ることができるでしょう。

【おすすめ問題集】
　Ｊｒ・ウォッチャー29「行動観察」

問題26　分野：お話の記憶

〈準備〉　青色鉛筆

〈問題〉　お話を聞いて後の質問に答えてください。

今日は日曜日。さくらさんはお兄さんと２人で、近所の海に自転車で遊びに行きました。お母さんが作ってくれたお弁当と、黒い浮き輪と、星が描いてあるビーチサンダルを持って出かけました。２人は海に着くと、さっそく泳いだり水遊びをしたりしました。お昼になっておなかが空いたので、レジャーシートを広げてお弁当を食べることにしました。お兄さんのお弁当は焼き魚とキンピラ、さくらさんのお弁当は大好きなサンドイッチでした。お兄さんは焼き魚とキンピラを口いっぱいに頬張りながら、「外で食べると、家で食べるよりももっと美味しいね」と言いました。さくらさんもうれしくて、サンドイッチを３つも食べました。おなかがいっぱいになったさくらさんは、「浜辺の砂で何かを作ろうよ」とお兄さんに言いました。２人でたくさん砂を集めながら、お城にしようか、船にしようか、それとも山にしようかと相談しました。そして出来上がったのは大きな大きな山でした。さくらさんとお兄さんは、「大きいな」「かっこいいね」と言って喜んでいましたが、突然、ザブーンと高い波がやってきて、山はあっという間に崩れてしまいました。「あ～あ、せっかく作ったのに」と、さくらさんはがっかりしました。お兄さんも、「あ～あ、崩れちゃった」と残念そうに言いました。「でも、今日は楽しかったなあ」と２人で笑ってから、来た時と同じ乗りもので家に帰りました。

①お話と同じ季節のものに○をつけてください。
②２人が持っていた浮き輪とビーチサンダルはどれですか。○をつけてください。
③２人は砂浜で何を作りましたか。○をつけてください。
④お兄さんはお昼ごはんの時に何を食べましたか。○をつけてください。
⑤キンピラを作る時によく入れる野菜はどれですか。○をつけてください。
⑥さくらさんはサンドイッチをいくつ食べましたか。その数だけ○をつけてください。
⑦２人が帰りに乗ったものはどれですか。○をつけてください。

〈時間〉　各15秒

〈解答〉　①ヒマワリとスイカ　②右端　③左端　④右端（焼き魚）
⑤右から２番目（ゴボウ）　⑥○：３　⑦左から２番目（自転車）

［2019年度出題］

学習のポイント

お話の記憶は、2018年度より当校で新たに出題されるようになった分野です。2018年度との違いは、250字程度のお話２つから、600字程度のお話１つになったこと、お話の季節や常識について聞く問題が出されたことの２点があげられます。お話や質問の内容を見ても、2018年度よりも聞き取りの力が必要な問題になったと言えます。昨年の形式が次年度以降も続くかどうかはわかりませんが、本問と同じレベルのお話に対応できるようになるためには、まず、聞き取りの力を伸ばすことが必要です。そのためには、ふだんからお話の読み聞かせを続けるのが１番でしょう。お話を聞き取ることにある程度慣れてきたら、お話を大きく２～３の場面に分けて、簡単な言葉でまとめる練習をします。例えば本問の場合、「さくらさんとお兄さんは海へいった」「お弁当を食べた後、砂山を作った」という感じです。このようにまとめられるようになってきたら、細かい描写もあわせて覚える練習に進みましょう。いきなり細かい部分まで全部覚えようとせず、少しずつ覚えられることを増やせるように、何度も繰り返し読み聞かせることが大切です。

【おすすめ問題集】
　１話５分の読み聞かせお話集①・②、お話の記憶 初級編・中級編
　Ｊｒ・ウォッチャー19「お話の記憶」

問題27　分野：常識（昔話）

〈準 備〉　青色鉛筆

〈問 題〉　左のお話に出てくるものはどれですか。２つ見つけて、○をつけてください。

〈時 間〉　各15秒

〈解 答〉　①左端、右から２番目　②左端、右端　③左端、右端
④左端、左から２番目　⑤左から２番目、右から２番目
⑥左から２番目、右端　⑦左端、右端

［2019年度出題］

学習のポイント

当校で例年出題されている常識分野の問題は、その出題範囲が広いことが特徴です。年齢相応の知識を身に付けることが、そのまま試験対策に直結しますので、日々の学習で学んだことの反復をしっかりとしておきましょう。本年度の題材となっている昔話は、桃太郎をはじめ、この年齢のお子さまには知っておいてほしいお話ばかりです。もし、お子さまが知らないお話があったら、読み聞かせて補うようにしておいてください。また、昔話を覚える際には、お話の流れ（登場人物、おもな出来事）とあわせて、そのお話を代表するものや場面を知ることがポイントになります。例えば、浦島太郎ならば玉手箱を開ける場面と竜宮城へ行く場面などです。お話を把握するための確認は、ほかの分野の学習の合間やちょっとした空き時間に、「桃太郎ってどんなお話？」と聞けば、お子さまがどれぐらいのお話を知っているかがわかります。こまめに繰り返してください。

【おすすめ問題集】
　NEWウォッチャーズ　国立小学校入試セレクト問題集　常識編①②

問題28　分野：推理（ひもの数）

〈準備〉　青色鉛筆

〈問題〉　**この問題の絵は縦に使用してください。**
ひもを線のところで切った時、ひもの数が一番多くなるものはどれですか。○をつけてください。

〈時間〉　各15秒

〈解答〉　①左から２番目　②左端　③右端　④右端　⑤右から２番目
⑥左から２番目　⑦右から２番目　⑧左端　⑨左端　⑩右端

［2019年度出題］

学習のポイント

ひもをハサミで切った時、ひもが何本に分かれるのかを考えます。観察力と思考力が観点となっている推理分野の問題です。①の絵を見ると、１箇所だけ切ったひもは２本に分かれ、２箇所で切ったひもは３本に分かれています。この結果を見て、ハサミで切った場所の数よりも、ひもの数は１本多くなることに気が付けば、ほかの問題も切った箇所が多いものを選べばよいとわかります。推理分野の問題では、本問のように絵を観察して、そこで得たことをもとに気付くことが大切です。ふだんの練習でも、お子さまが絵を見て気が付いたことを、聞き取るようにするとよいでしょう。お子さまは的外れな推測をすることもあるでしょうが、次第によい着眼をするようになってきます。

【おすすめ問題集】
Ｊｒ・ウォッチャー31「推理思考」

問題29　分野：図形（線の構成）

〈準備〉　青色鉛筆

〈問題〉　**この問題の絵は縦に使用してください。**
左の線をすべて使って形を作ります。右から選んで○をつけてください。

〈時間〉　各20秒

〈解答〉　①左から２番目　②左端　③左から２番目　④右端　⑤右から２番目
⑥右から２番目　⑦右端　⑧左端　⑨左端　⑩左端

［2019年度出題］

学習のポイント

図形を線の集まりと考え、その形を構成する線を見つける問題です。この問題では、左側にある線の数と長さがヒントになっています。例えば①の場合、長い線が２本と短い線が１本あるので、２種類の線が組み合わされた図形、３本の線でできている図形を探します。線の種類が多い時は、同じ長さの線が何本ずつ使われているのかを確認するとわかりやすくなります。図形分野の問題では、実際に線を描いたり、具体物を使ったりすることが形を把握する上で効果的と言われます。本問も、短い棒を何本か並べてみると、形がわかりやすいでしょう。もっとも、実際の試験の場では、頭の中に図形を思い浮かべて操作しなければいけませんが、具体物を使った学習は、ペーパー以前の学習として大きな役割を果たします。

【おすすめ問題集】

Ｊｒ・ウォッチャー３「パズル」、54「図形の構成」

問題30 分野：図形（点図形）

〈準 備〉 青色鉛筆

〈問 題〉 上の見本と同じように、点を線でつないでください。

〈時 間〉 ２分

〈解 答〉 省略

［2019年度出題］

学習のポイント

点と点を線で結ぶ問題では、線をきれいに引けるか、座標を正確に把握できるか、作業を計画的に進められるかなどが観点となっています。線をきれいに引くためには、姿勢を安定させることが大切です。ペンを持つ時は、小指を紙に付けて固定する感じで少し立てるようにします。そして、もう一方の手で紙を押えます。その時、ペンを立てぎみにすると、ペンを動かす先が手で隠されてしまうことが減ります。線を引く時は、線１本ごとに始点と終点を確認して、一息に引きます。そうすると、線が歪まずにきれいに引くことができます。さらにうまく線を引きたいなら、本問の課題に取り組む前に、縦、横、斜めの直線を一息で引くといったウォーミングアップをしておくとよいでしょう。線を引く時には、左上から右下へと進めるのが右利きのお子さまの場合一般的ですが、方向を気にせず一筆書きのようにペンを動かしたり、外側の枠を描いてから中の線を引いたりする方法もあります。お子さまが進めやすい方法をとってください。

【おすすめ問題集】

Ｊｒ・ウォッチャー１「点・線図形」、51「運筆①」、52「運筆②」

問題31　分野：巧緻性（運筆）

〈準　備〉　青色鉛筆

〈問　題〉　上の見本と同じように、点を線で囲んでください。

〈時　間〉　２分

〈解　答〉　省略

［2019年度出題］

学習のポイント

問題30と同様の問題ですが、本問では点と点を結ぶのではなく、点を囲むように線を引きます。完成後の形がイメージしやすい一方で、どこから始めればよいかわかりにくい、曲線を多く引くといったお子さまには難しい点があり、①では、角の描き方がポイントになります。この部分を、丸い角、短い直線、丸い角と、３つに分けて描くと、お手本通りの形となり、見た目もきれいに仕上がります。半円のように描かないように気を付けてください。②では、左側の角が連続している部分が、同じように難しいところです。③では、右下の「×」の形、斜めの直線と角の組み合わせの部分に注意してください。実際の試験では、角の部分が丸くなってしまったり、角ばってしまっていても、おそらく評価に大きな影響はないでしょう。しかし、思うように作業ができないと、お子さまが気落ちするかもしれません。後の問題や、行動観察の試験に、落ち込んだ顔で参加しても、いい結果は期待できません。逆に、上手く仕上げられたことを自信にして、次の課題に取り組める方がよいでしょう。ふだんからきれいに仕上げることを心がけた練習をすることで、お子さまの自信につなげていきましょう。

【おすすめ問題集】

Ｊｒ・ウォッチャー51「運筆①」、52「運筆②」

問題32　分野：制作

〈準　備〉　（問題32-１の絵をあらかじめ指定された色で塗り、２枚の絵の中央で切っておく）
鉛筆、白い紙（Ｂ４）、ハサミ、スティックのり、色紙（赤、１枚）

〈問　題〉　①白い紙に鉛筆で自由に絵を描いてください。裏にも描いても構いません。描き終わったら、静かに待っていてください。
②（問題32-１の絵とスティックのりを渡し、スティックのりの使い方を説明する）青い紙に書かれた２本の線の外側とそれを結んでいる線を、ハサミで切って半円を作ってください。赤い形に合わせるように貼ってください。
③（問題32-２の絵を渡す）赤い色紙をちぎって、リンゴの○から紙をはみださないように貼ってください。白いところが残らないようにしてください。紙を小さくちぎって貼っても構いません。

〈時　間〉　適宜

〈解　答〉　省略

［2019年度出題］

学習のポイント

昨年と同様に自由画の課題です。切る、ちぎる、のりで貼るといった作業を行います。作業内容自体は、それほど難しいものではありません。道具を正しく使い、きれいな仕上がりを目指しましょう。①の自由画では何を描いてもかまいませんが、紙全体を使って大きく描くようにすると、取り組んでいる様子がテスターに伝わりやすいでしょう。このような課題では、何を描いたらよいのか決められず、手を止めた姿を見せることはよいことではありません。描きたいものを決めることが苦手なお子さまには、「自由画なら○○を描く」というようにテーマを事前に決めておくようにしましょう。例えば、「動物ならゾウ」「花ならチューリップ」といった漠然としたものでかまいません。少なくともテーマを考えるのに迷うことがなくなり、安心して課題に取り組めるようになります。②③は指示が少し難しいところもあります。思い込みで、作業を始めてしまわないようにしましょう。最後までよく聞いてから取り組んだ方が結果はよいはずです。

【おすすめ問題集】

Ｊｒ・ウォッチャー22「想像画」、23「切る・貼る・塗る」、24「絵画」

問題33　分野：口頭試問

〈準備〉　なし

〈問題〉　この問題の絵はありません。

・あなたの大切な人を３人教えてください。
・お父さん（お母さん）を好きな理由を教えてください。
・好きな遊びは何ですか。２つ教えてください。

〈時間〉　適宜

〈解答〉　省略

［2019年度出題］

学習のポイント

面接に際して、名前、家族、幼稚園、受験する学校についてなど基本的な事柄についてはきちんと答えられるようにしておきましょう。面接では、志願書類やペーパーテストではわからない、お子さまの生活体験が評価されます。人に接する時の態度やマナー、挨拶や質問への受け答えの中に、家庭での躾や指導の様子が表れることを考えてください。質問に対しては、自分の考えを素直に、ありのまま答えるのが１番大切です。ただし、「○○！」などと単語の言いっぱなしの答え方は印象がよくありません。「です」「ます」を基調としたていねいな言葉遣いを心がけてください。日頃から周囲の大人たちがていねいな言葉で話していれば、お子さまも自然とそれを学ぶでしょう。参考までに、過去の面接では、嫌いな食べもの、好きな絵本の名前、好きなスポーツ、宝物について、１番褒めてくれる人などが質問されています。一度お子さまと確認しておき、準備しておくのもよいかもしれません。

【おすすめ問題集】

面接テスト問題集

問題34　分野：個別テスト

〈準備〉　①少し太めのひも（25cm程度、２本）
※あらかじめ見本を作っておく
②図形パズル
③サイコロ５個、箱３個

〈問題〉　①この１本のひもを使って、見本のように玉結びを２つ作ってください。
②パズルを同じ仲間同士になるように２つに分けてください。
（完成したら）では、ほかの仲間で分けてください。
③（箱の中に、サイコロを３つ並べた見本がある）見本と同じようにサイコロを並べてください。わからないことがあれば先生に聞いてください。
④（終わって帰る時に）最後にドアの前で大きな声で挨拶をしてください。

〈時間〉　適宜

〈解答〉　省略

［2019年度出題］

学習のポイント

個別テストの課題では、指示を聞く、すぐ行動する、集中する、途中であきらめないなど、取り組みの姿勢が観られています。先生と１対１の場で答えを説明しなくてはいけないので緊張すると思いますが、適度な緊張を力にできるように、初対面の大人と話す練習をしておくとよいでしょう。①では、１本のひもに玉結びを２つ作らなければいけません。２つ目の玉を作る時に、１つ目の玉が邪魔にならないようにしましょう。②では、「色」「形」など、理由が説明しやすい分け方にしてください。「どんな分け方ですか」と聞かれた時に対応がしやすくなります。すべての課題に言えることですが、もし指示が聞き取れなかったり、途中でわからなくなった時に、わからないまま課題に取り組んではいけません。そのような時は、「もう１回説明してください」と言って聞き直すようにしてください。③では、サイコロの数、位置、向きなどに注意します。サイコロを１つ置くごとにお手本に目を配るなど、途中での見直しをしながら取り組みましょう。また、この試験は、④のあいさつ、退出までが評価対象となっています。３つの課題が終わっても気を抜かないようにしてください。

【おすすめ問題集】
新口頭試問・個別テスト問題集

問題35　分野：運動

〈準備〉　コーン、すだれ（かけっこのゴールテープの代わりになるものであれば何でもよい）、ビニールテープ、なわとび、玉入れの玉、箱、カゴ

〈問題〉　この問題の絵はありません。

①２人でかけっこ
・「ヨーイドン」の合図で、全力で走ってください。
・「１、２、３、４、５」と数えた後に「ピー」と音が鳴ります。この音が鳴る前にゴールしてください。
・終わったらコーンの間を通り、歩いて帰ってきます。列の後ろに座って待っていてください。

②なわとび
・先生のお手本（前とび・後とび・交差とび・あやとび・片足とび）を見て、好きなとび方してください。
・終わったらなわとびを片付けてください。

③玉入れ競争（５人１組の対抗戦で行う）箱から玉を取り、自分のチームのカゴに玉を投げ入れます。その際、床に引いてある白線を越えてはいけません。箱の中の玉がなくなった時点で、かごにたくさんの玉が入っているチームの勝ちです。

〈時間〉　適宜

〈解答〉　省略

［2019年度出題］

学習のポイント

例年行われる「運動」テストですが、特に難しい運動や動作は要求されていません。年齢相応の運動ができ、元気に楽しく身体を動かすことができていれば、充分対応できます。このような課題で学校が観ているのは、指示を聞いてすばやく実行できるか、まじめに集中して取り組めるか、失敗しても最後まであきらめずにがんばれるか、といった点です。また、待機時の様子も観られています。勝手に立ち歩いたり、ふざけて周りの子にちょっかいを出したりして進行を妨げるようなことがあると、減点されることとなります。授業をはじめとする小学校の活動でも同じことをするのではないかと、学校側が懸念するためでしょう。日頃から集団の中での活動を多く体験して、集団の中でのルールや約束ごとを守れる社会性・協調性を身に付けておきましょう。

【おすすめ問題集】
新運動テスト問題集、Ｊｒ・ウォッチャー28「運動」

☆附属京都小中学校

2022 年度 京都府版 国立小学校 過去 無断複製／転載を禁ずる　　日本学習図書株式会社

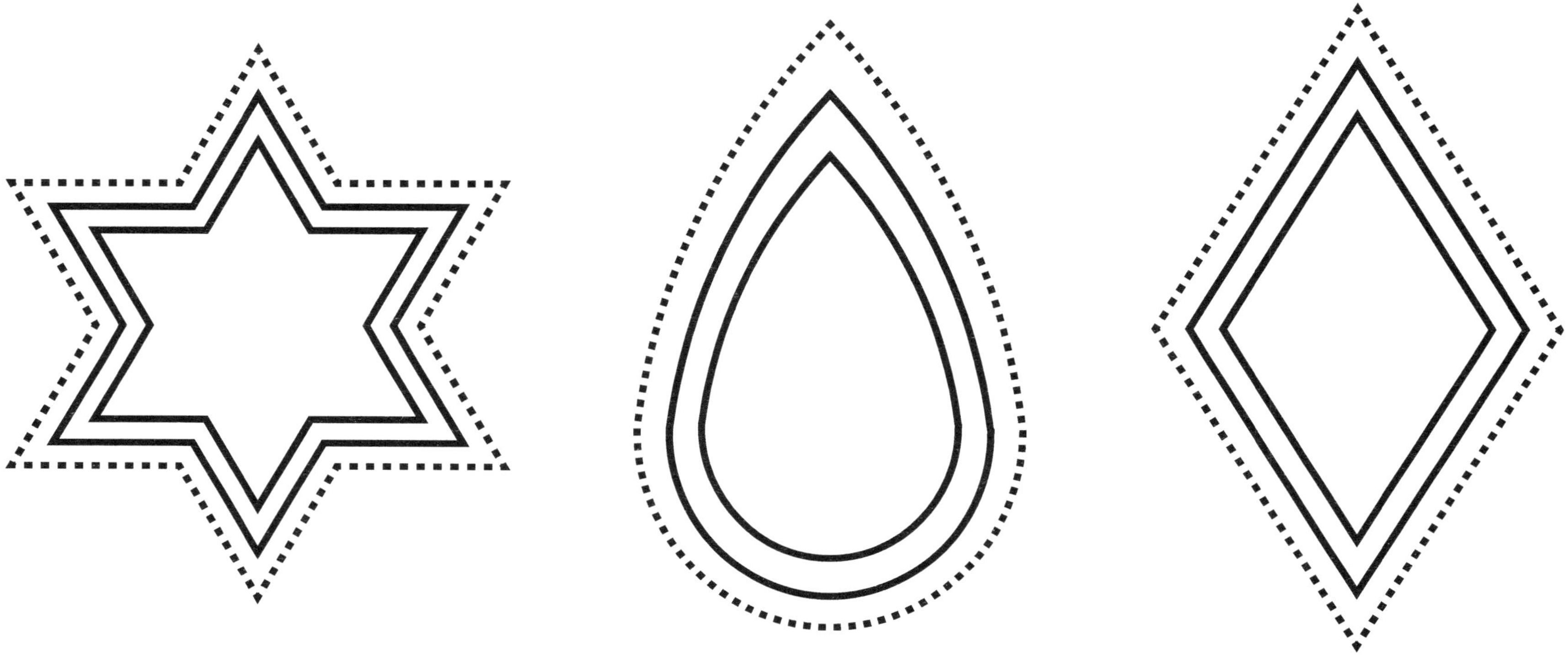

①

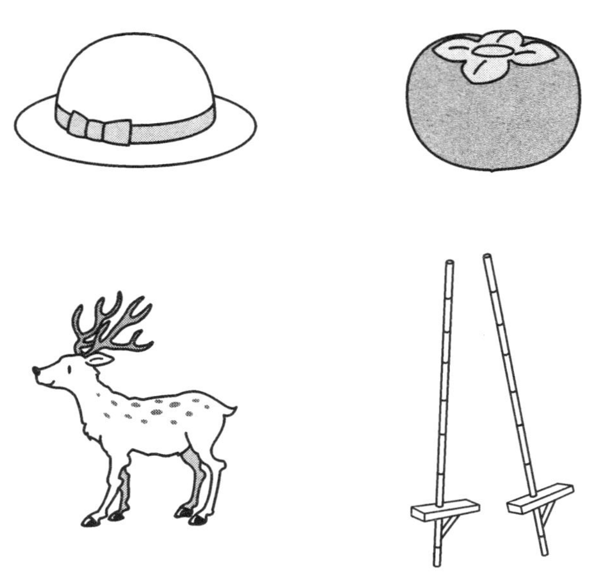

②

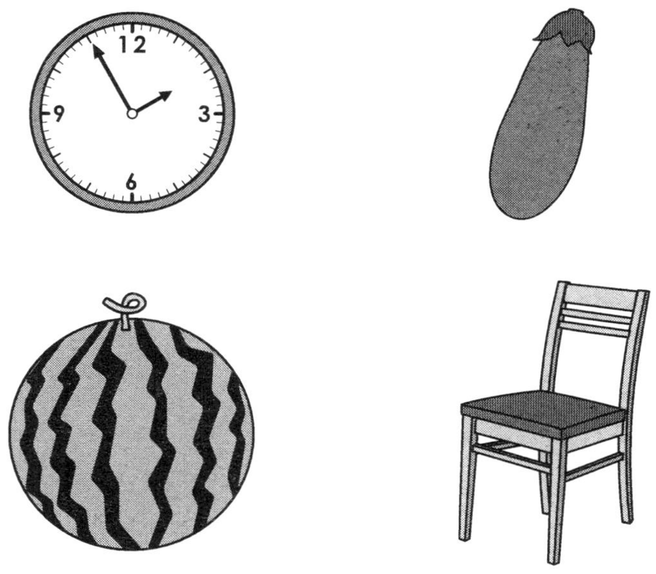

③

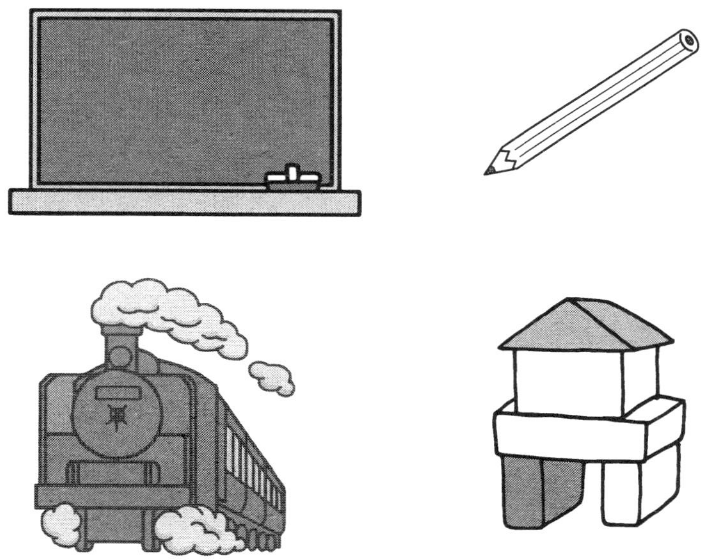

④

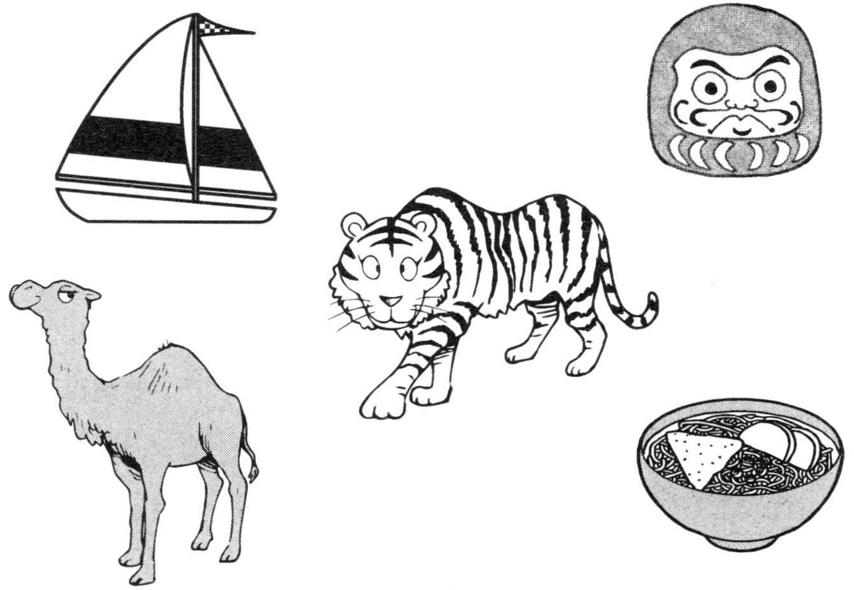

日本学習図書株式会社

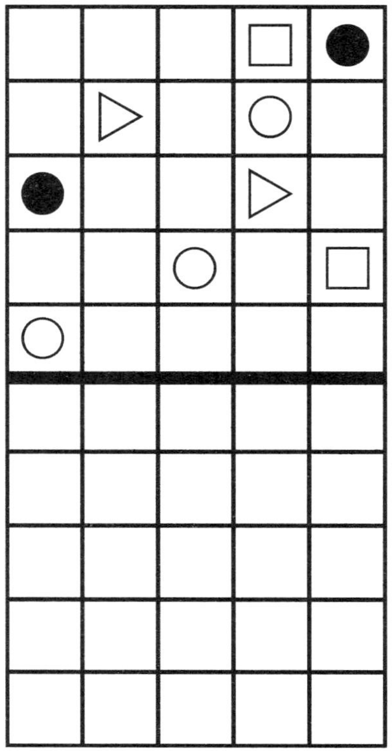

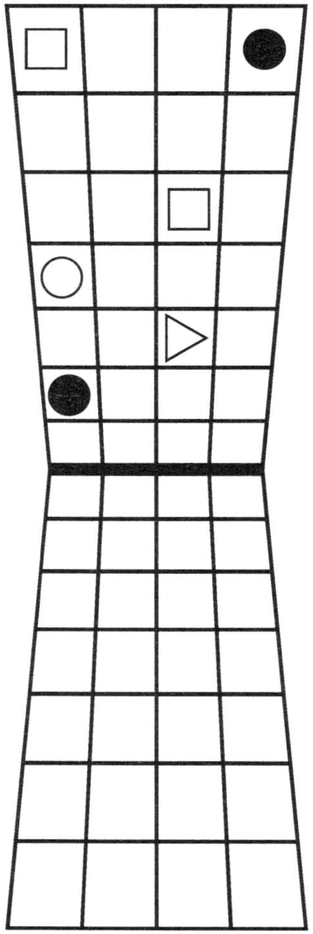

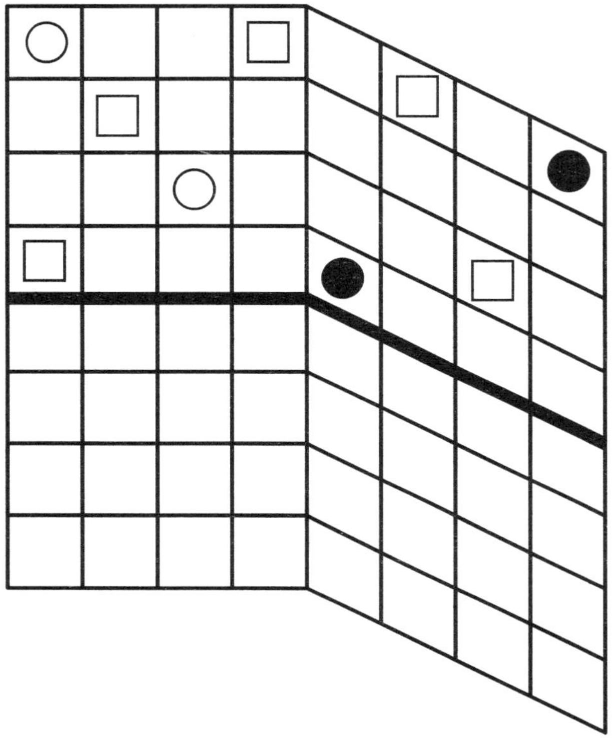

☆附属京都小中学校

問題１８

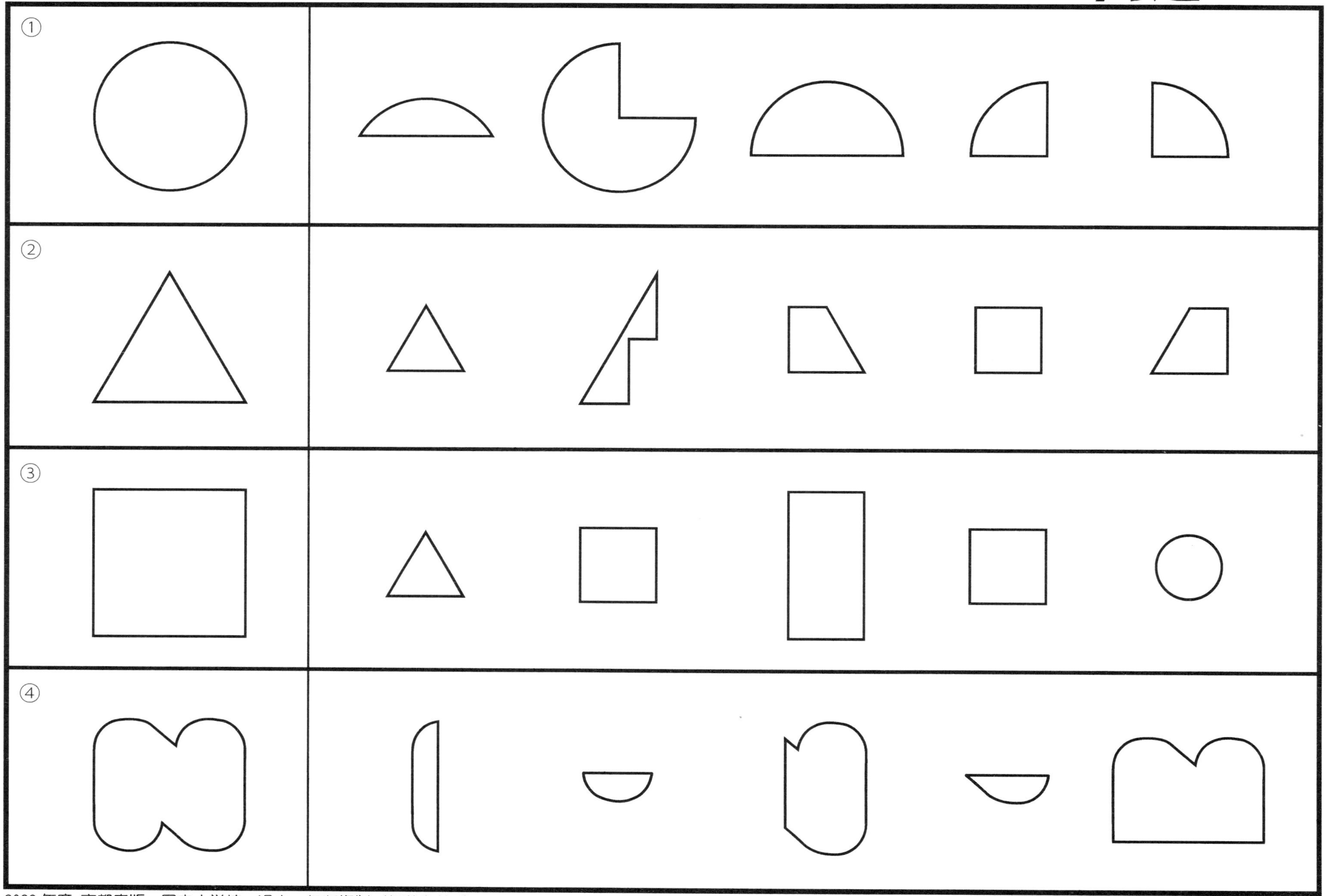

②

③

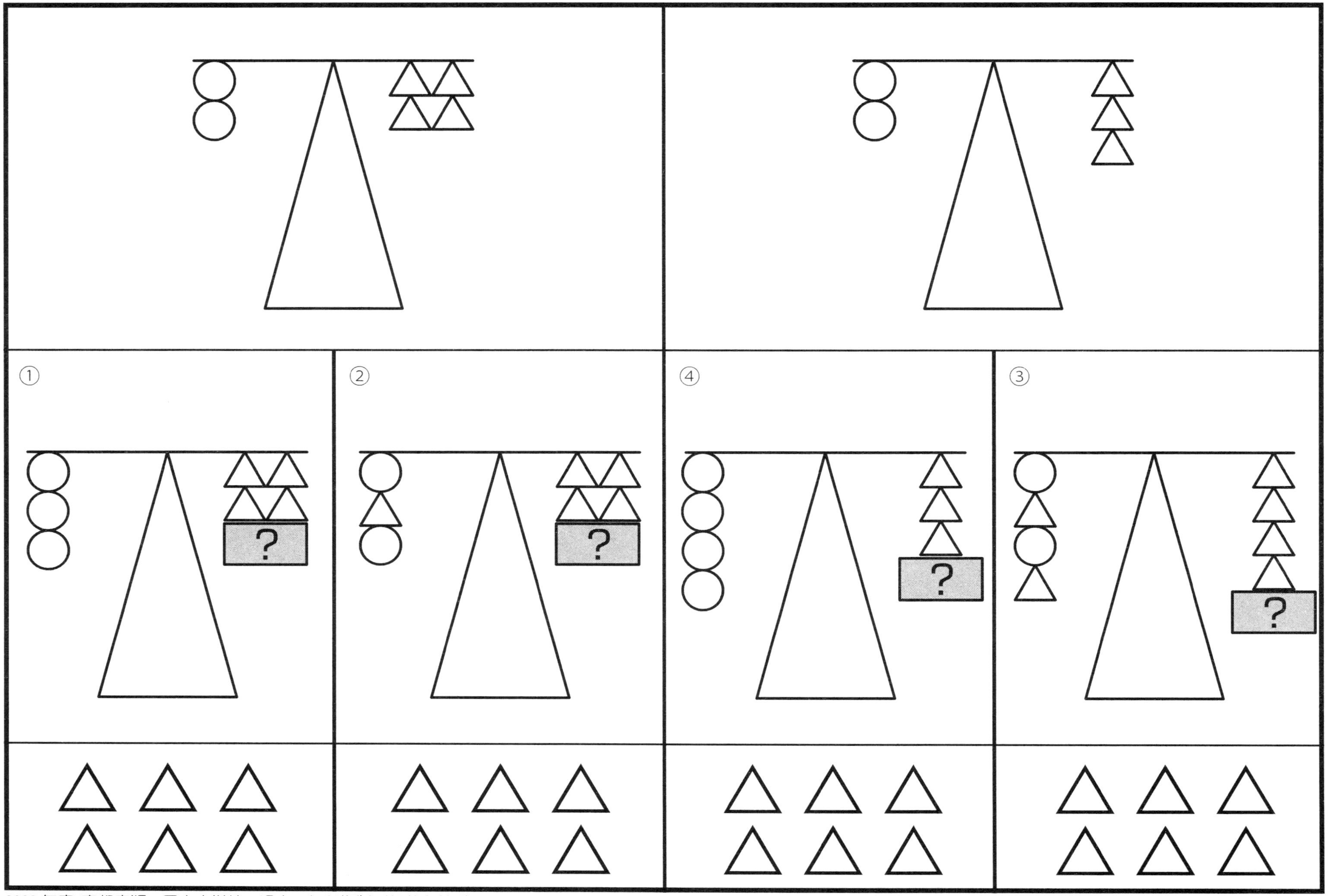

問題２０

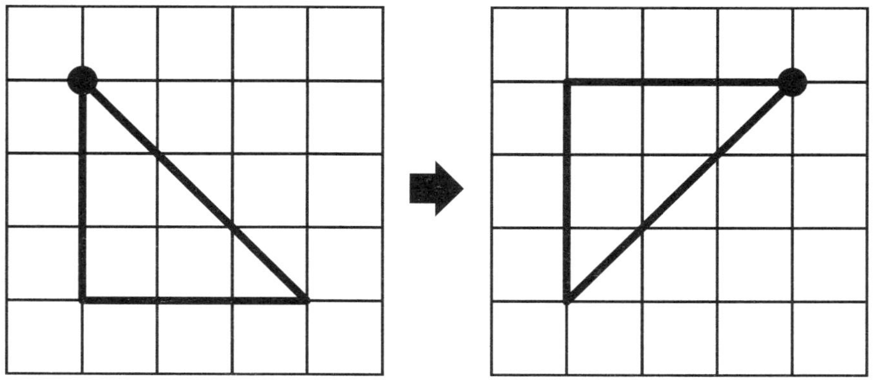

①

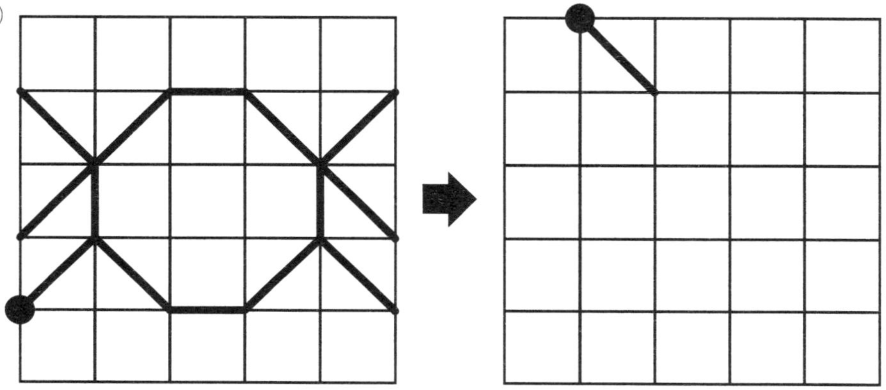

②

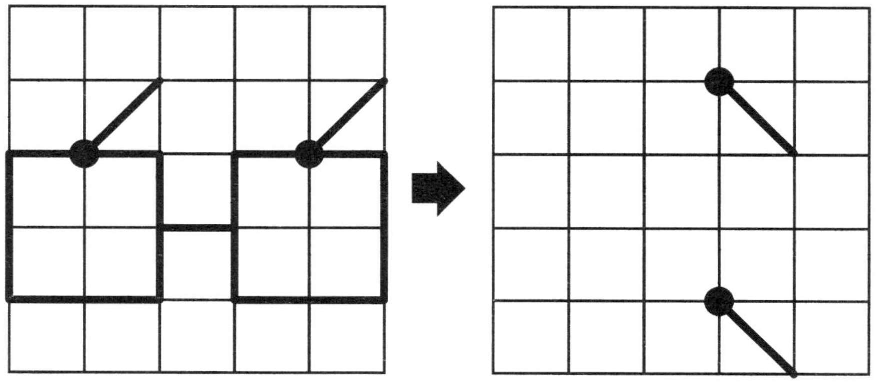

③

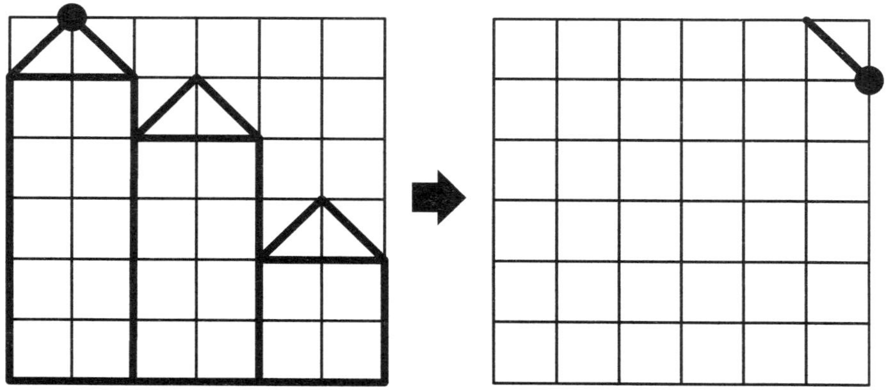

④

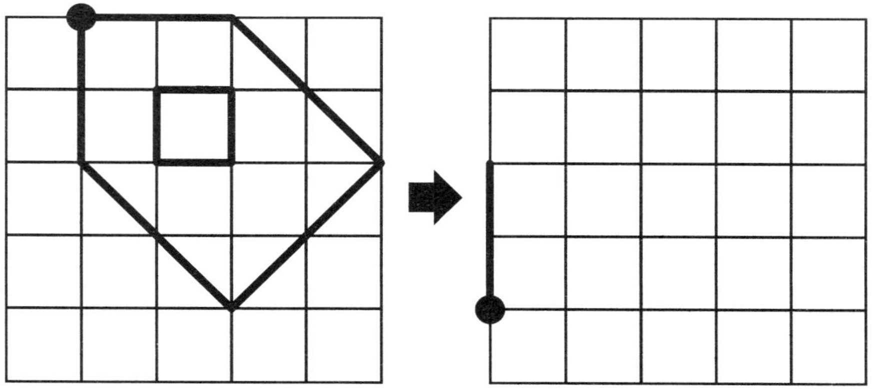

日本学習図書株式会社

☆附属京都小中学校

2022年度 京都府版 国立小学校 過去 無断複製／転載を禁ずる 日本学習図書株式会社

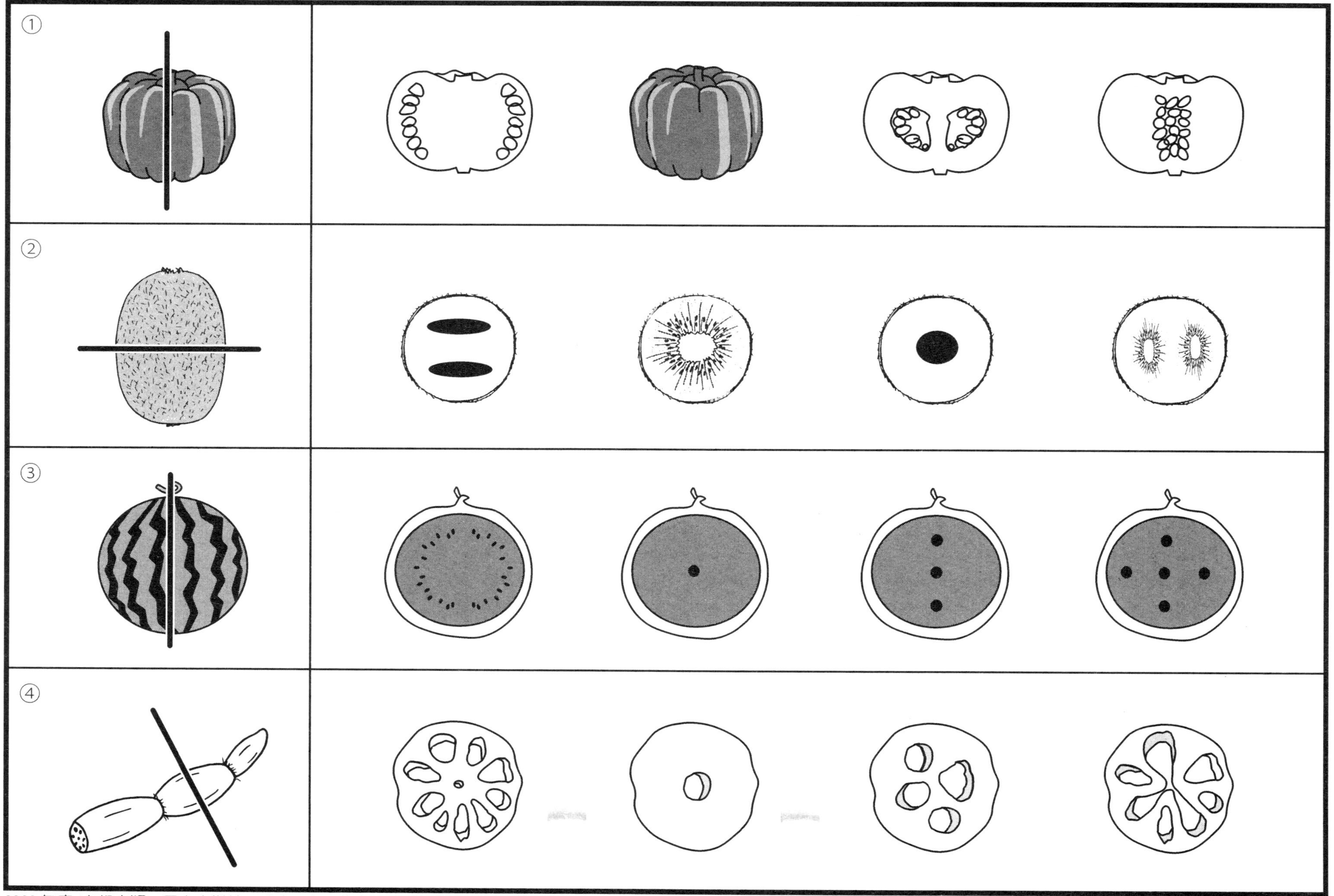

問題２１－２

⑤

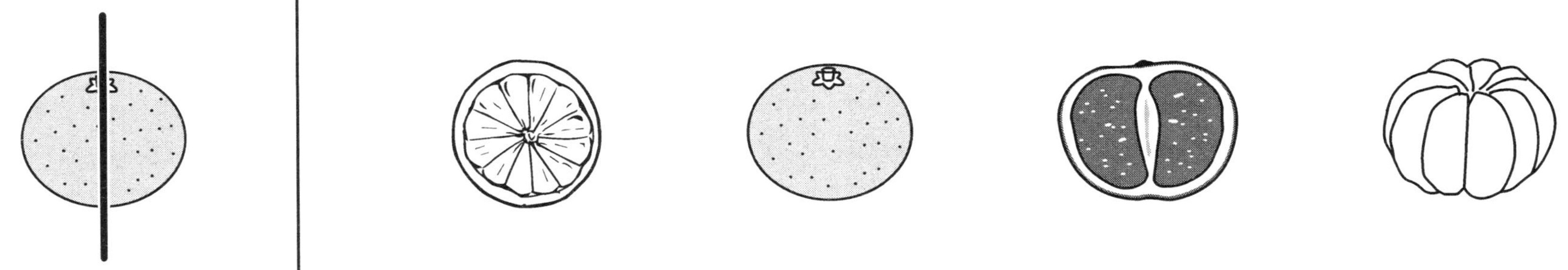

⑥

⑦

⑧

日本学習図書株式会社

☆附属京都小中学校

2022年度 京都府版 国立小学校 過去 無断複製／転載を禁ずる　　日本学習図書株式会社

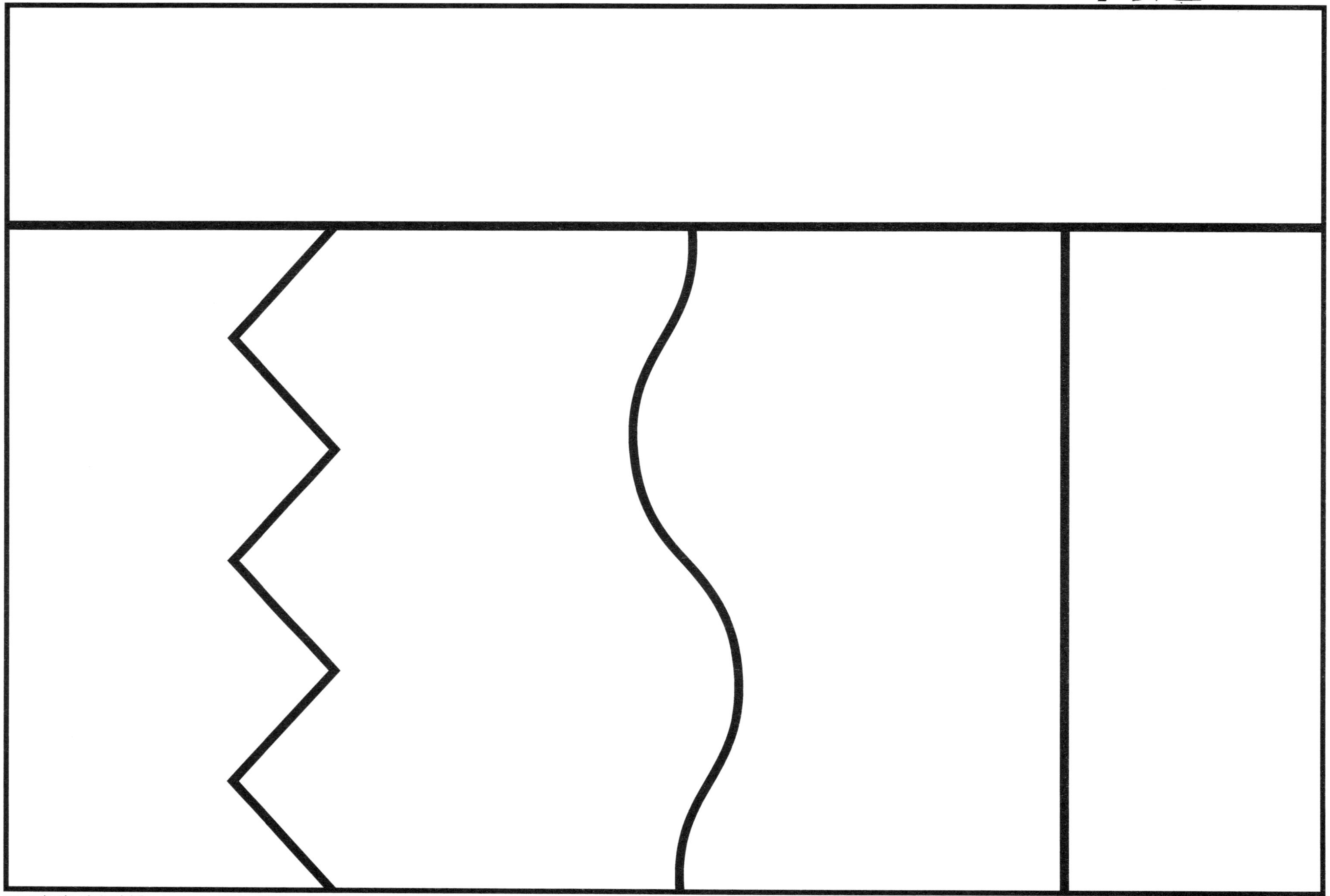

問題２４

①でんぐり返し

②ケンケンパー

③平均台渡り

④階段ゲーム

チーン
（左足を台に乗せる）

カン
（右足を台に乗せる）

カン
（右足を床に下ろす）

カン
（左足を床に下ろす）

☆附属京都小中学校

問題26－1

①

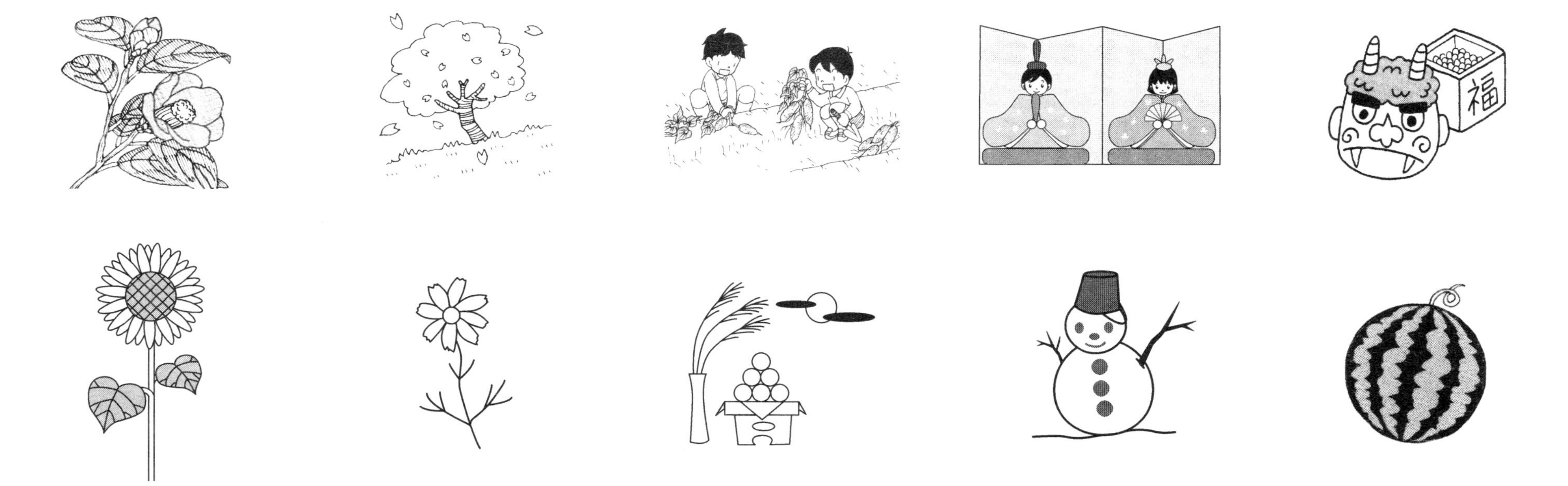

②

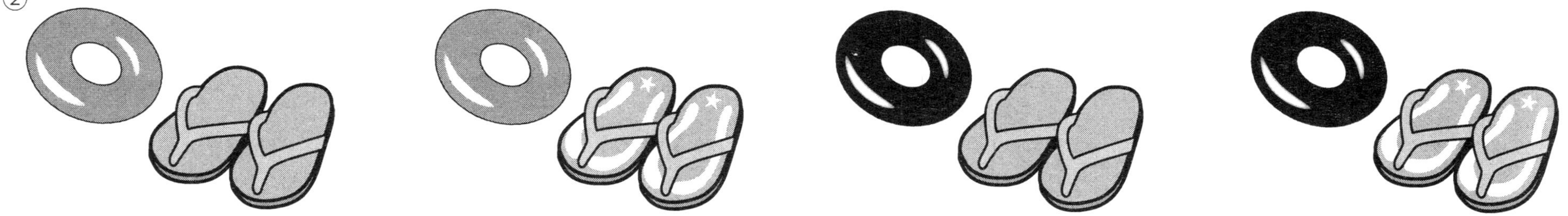

③

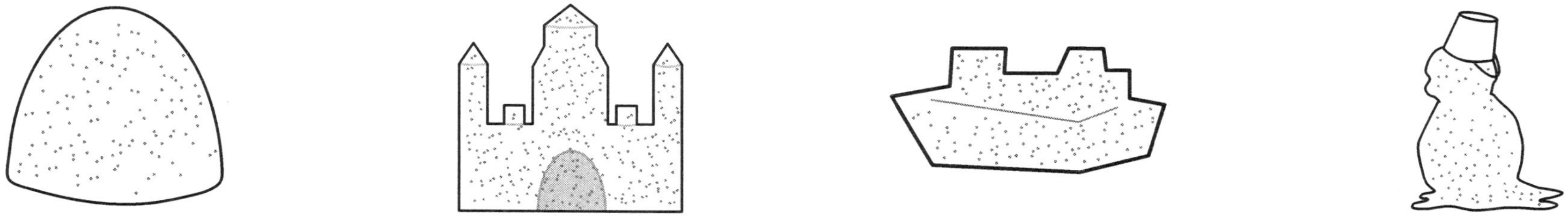

　

日本学習図書株式会社

☆附属京都小中学校

問題２６－２

④

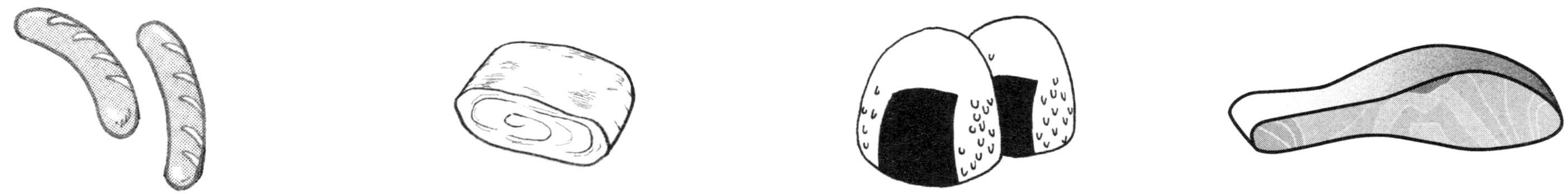

⑤

⑥

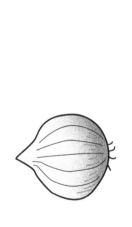

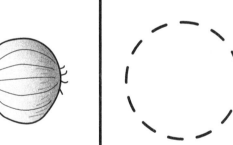

⑦

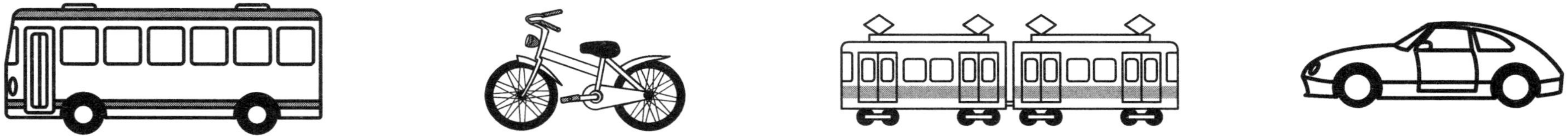

☆附属京都小中学校

問題２７－１

⑤

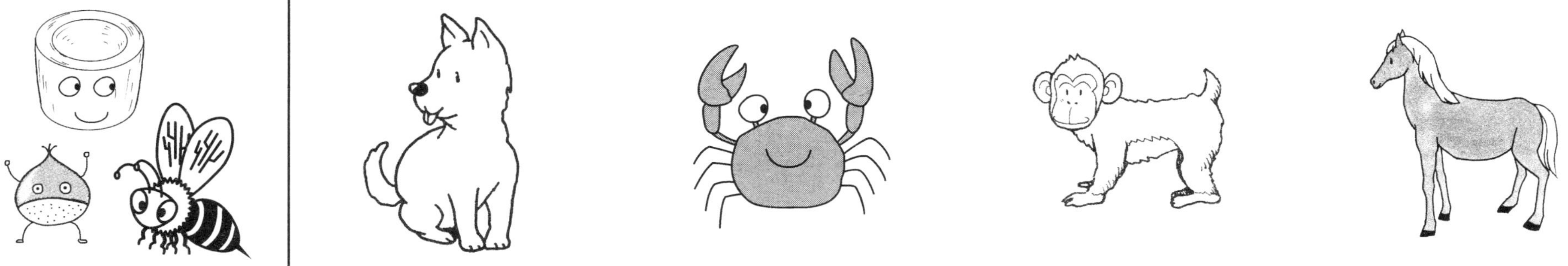

⑥

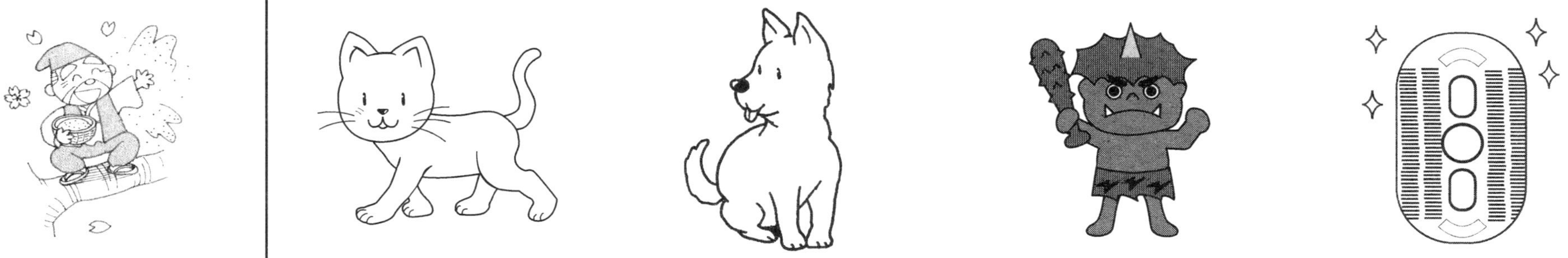

⑦

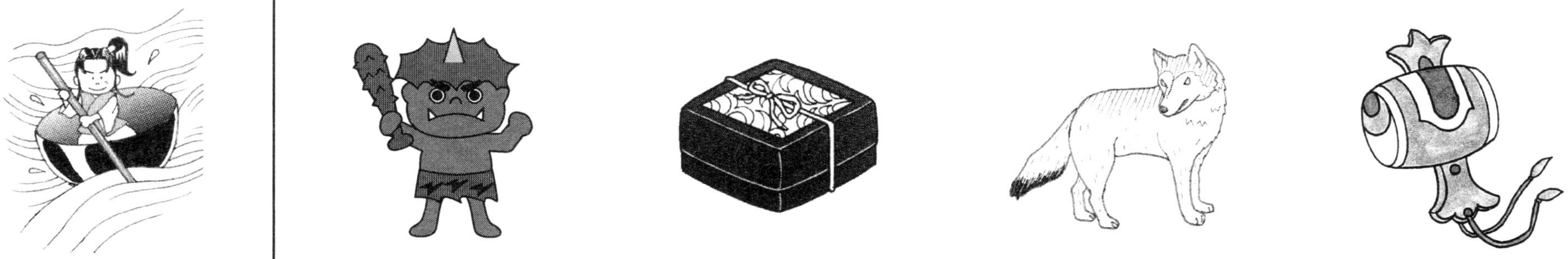

問題２８－１

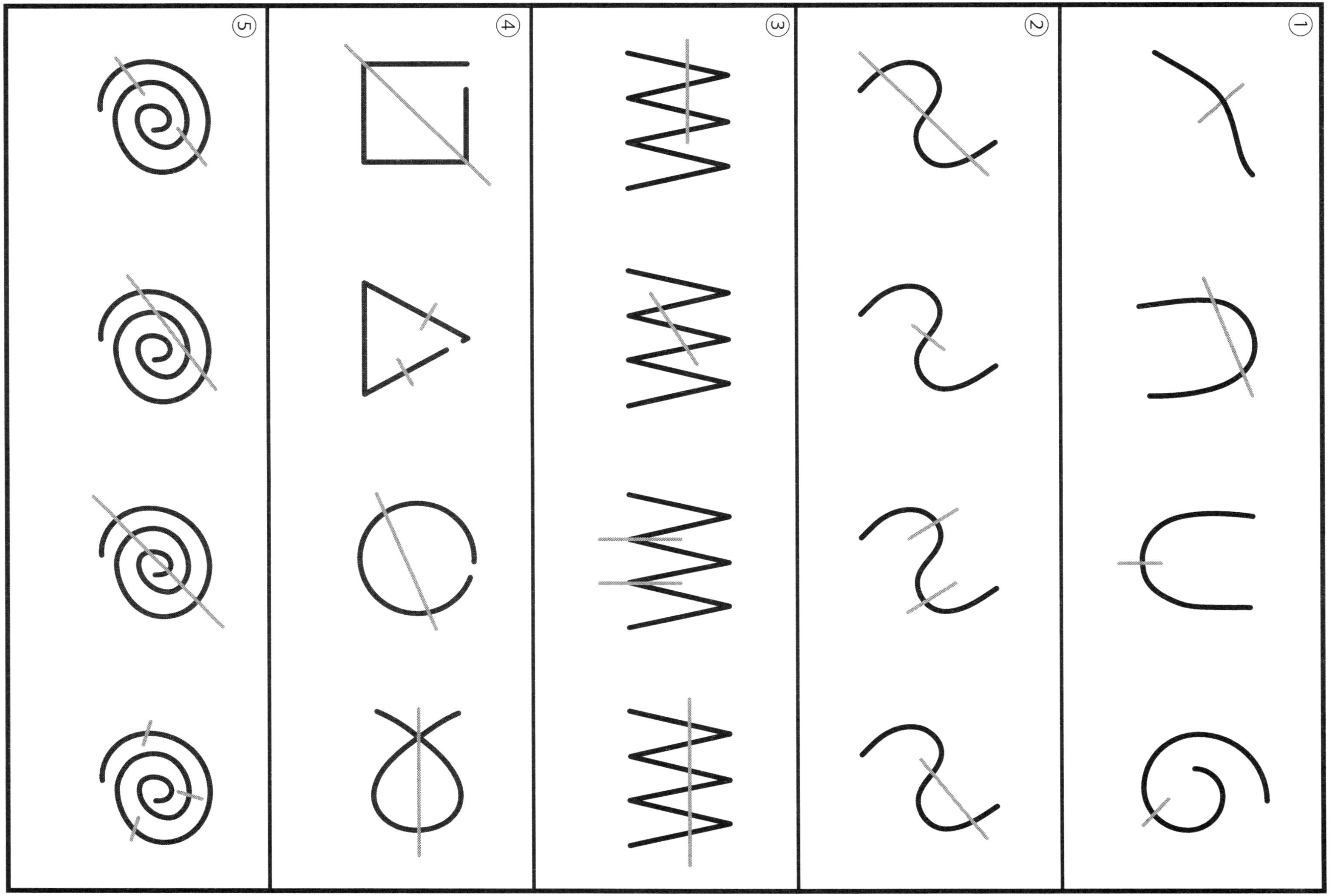

問題２８－２

⑥

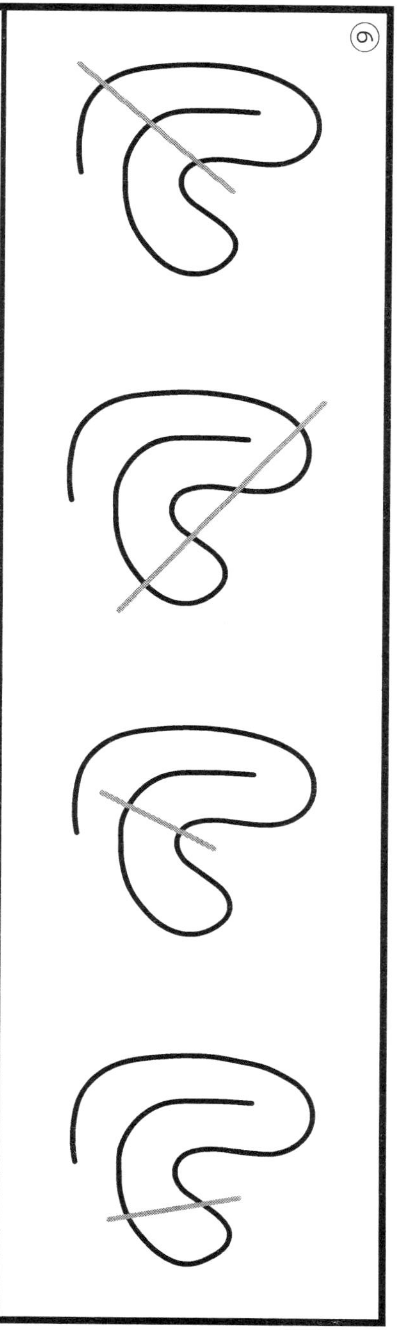

⑦

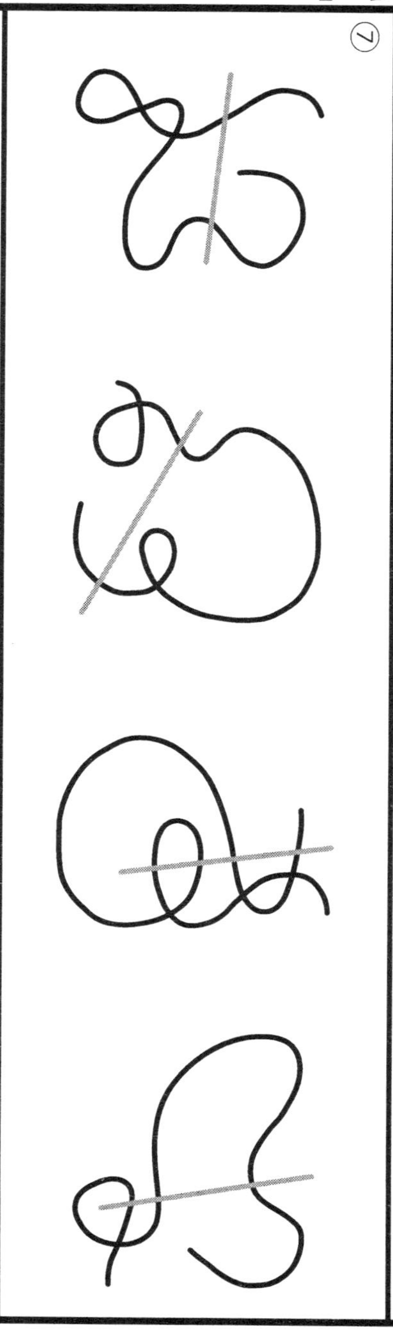

⑧

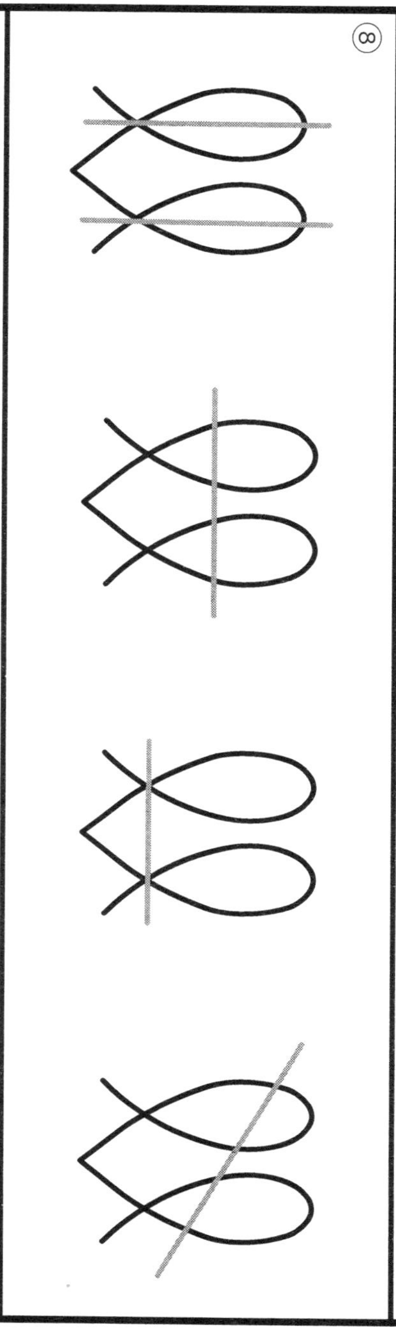

⑨

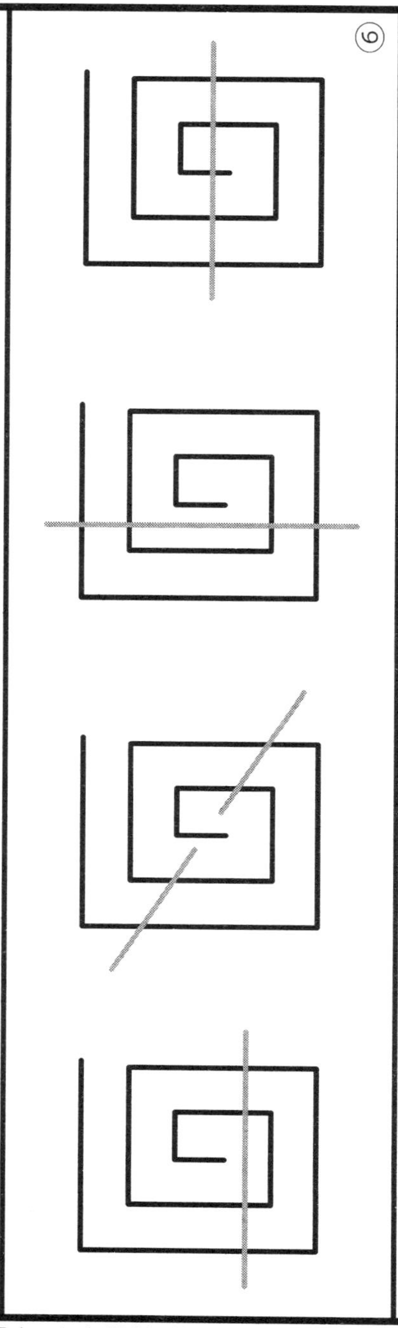

⑩

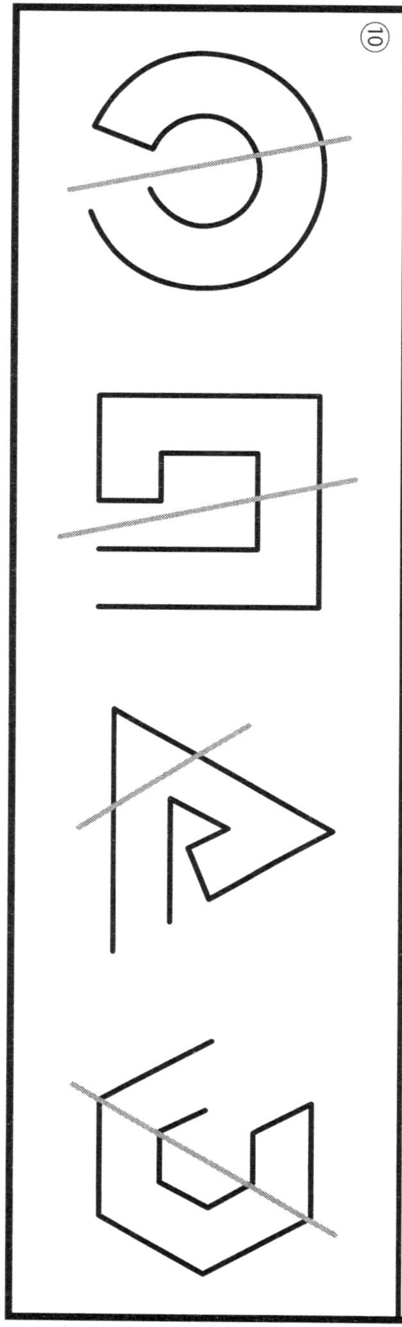

☆附属京都小中学校

2022 年度 京都府版 国立小学校 過去 無断複製／転載を禁ずる

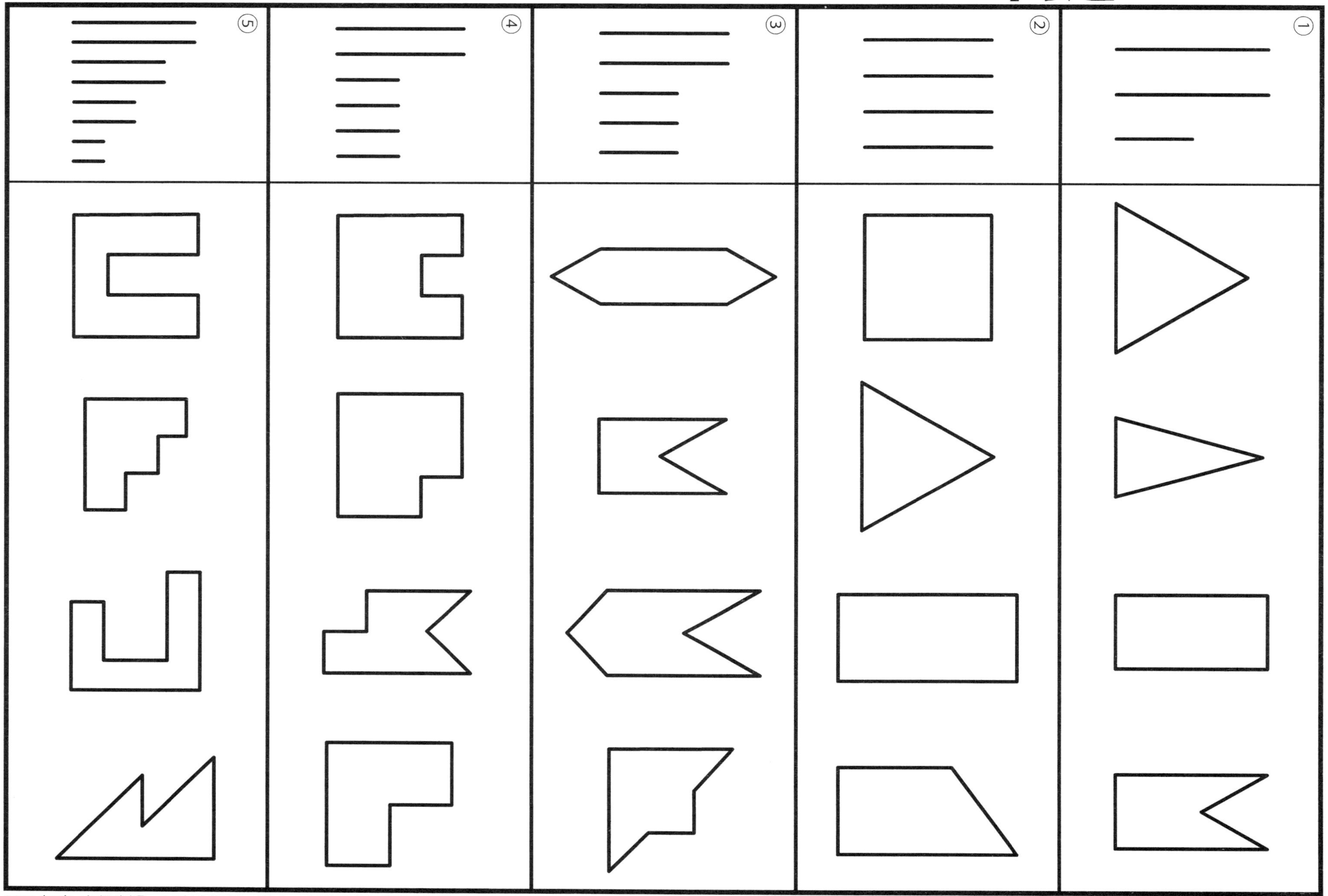

☆附属京都小中学校

問題29－2

☆附属京都小中学校

問題３０

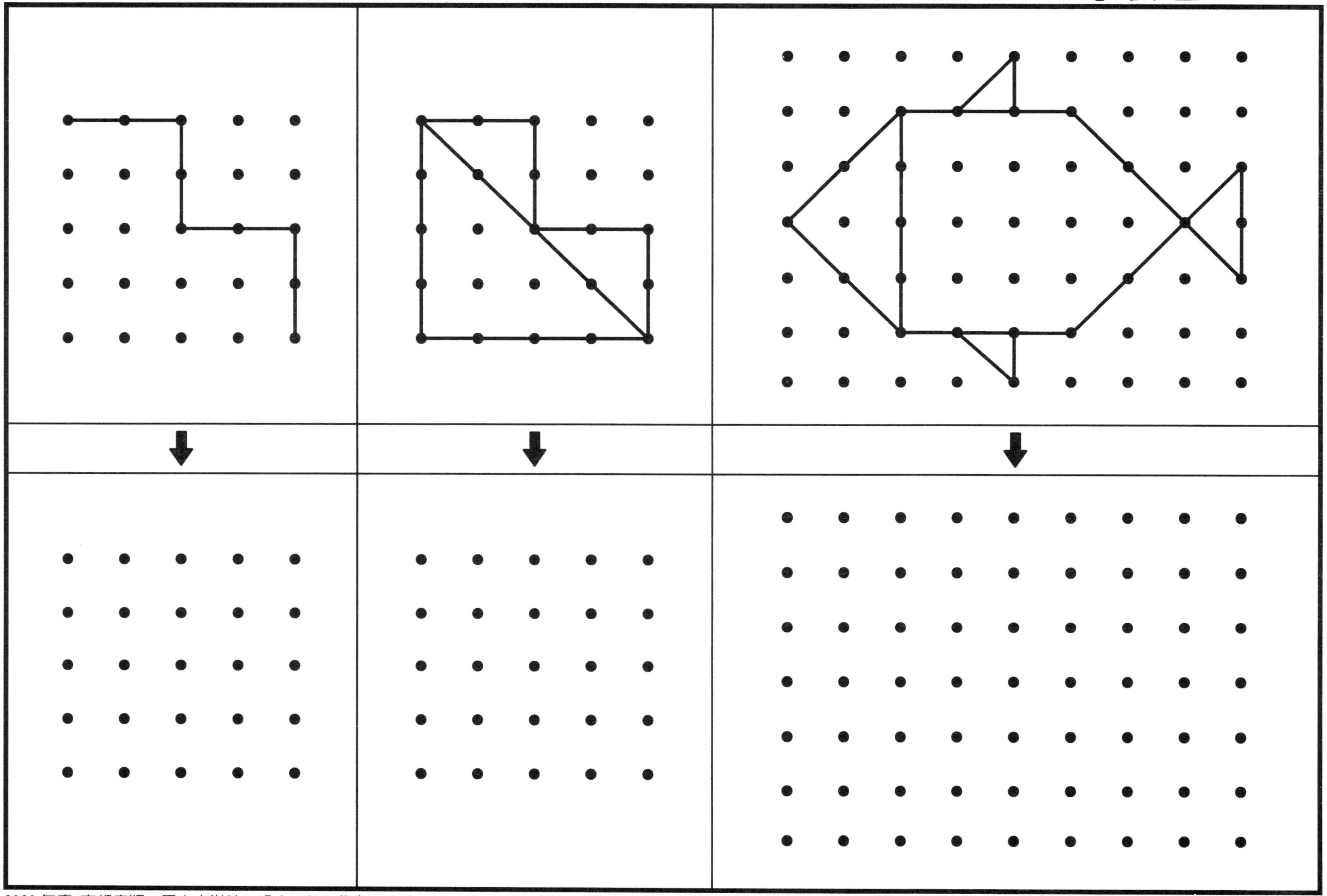

☆附属京都小中学校

2022 年度 京都府版 国立小学校 過去 無断複製／転載を禁ずる 日本学習図書株式会社

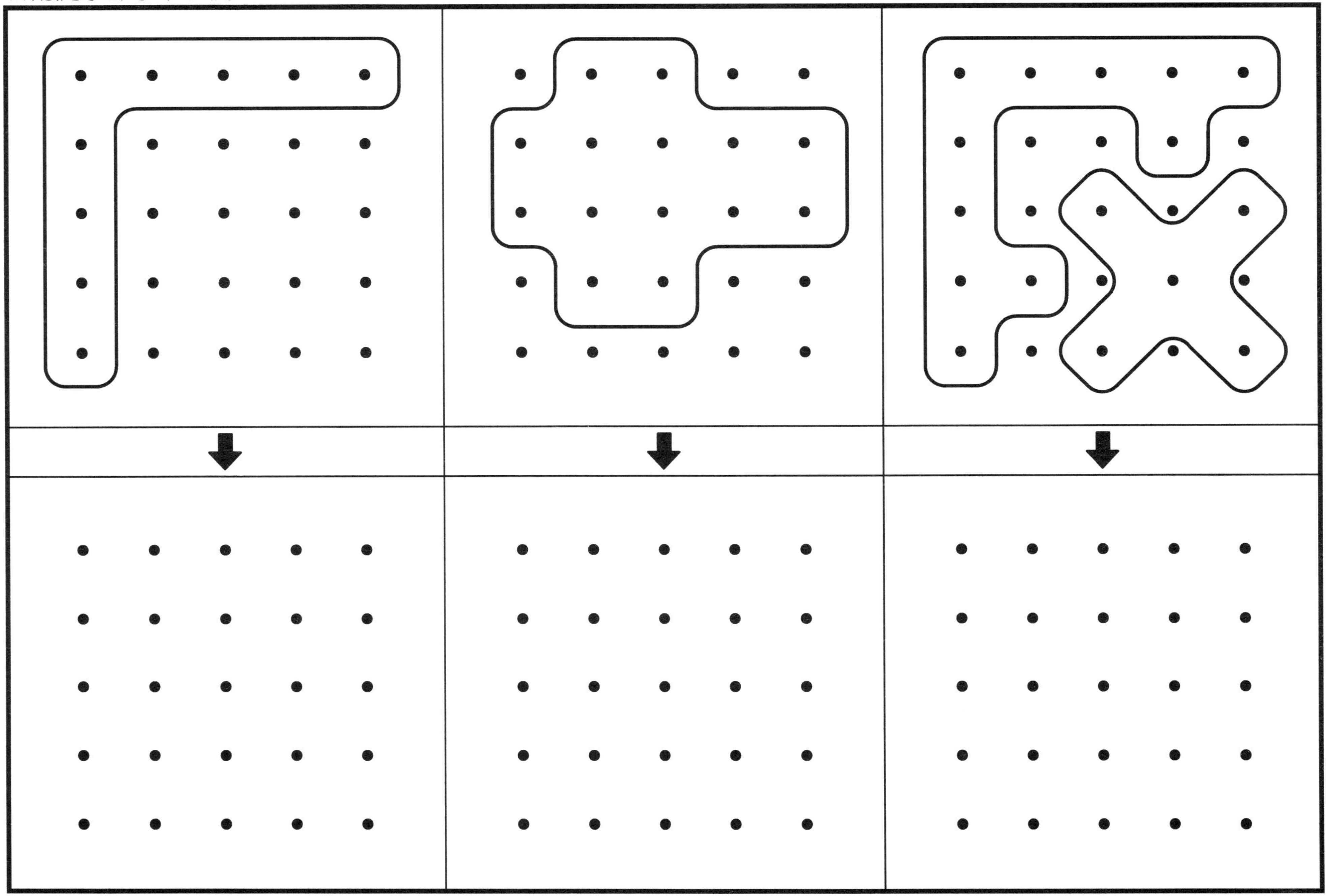

問題3 2－1

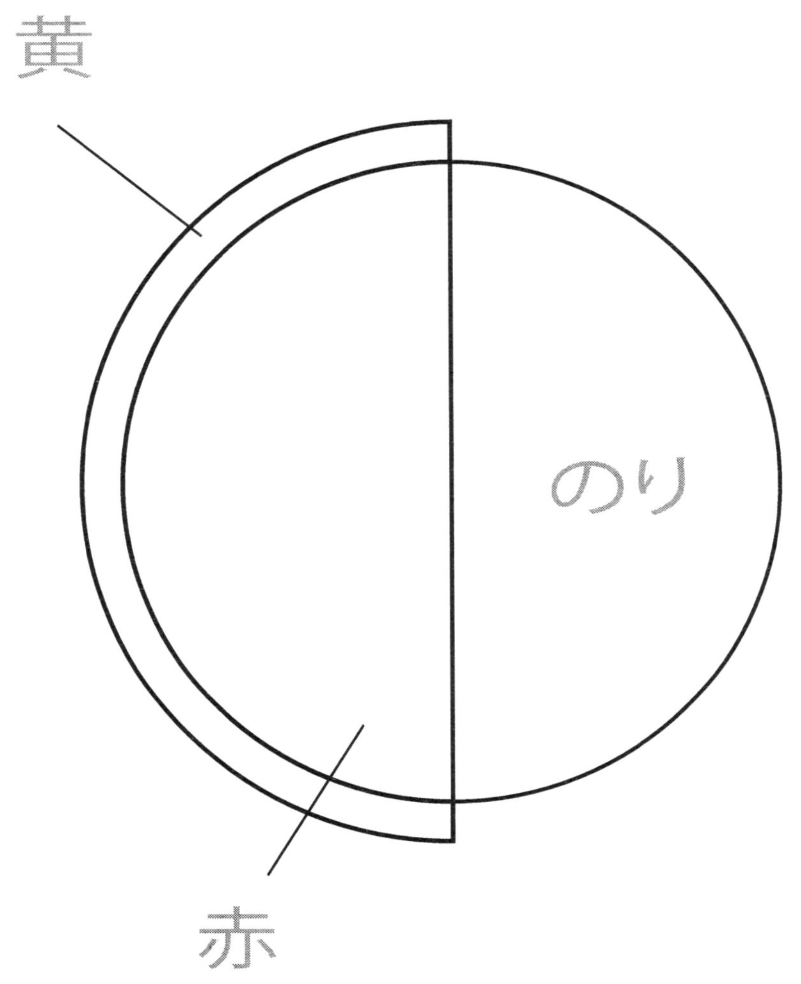

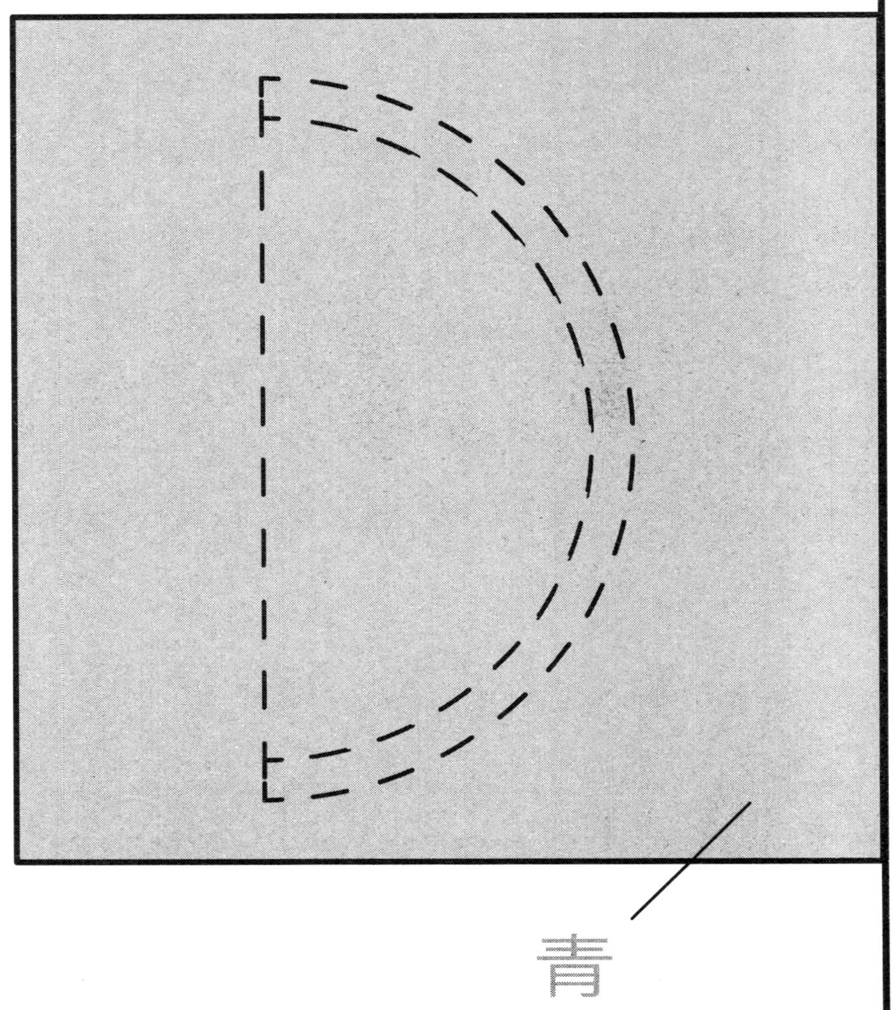

問題3 2－2

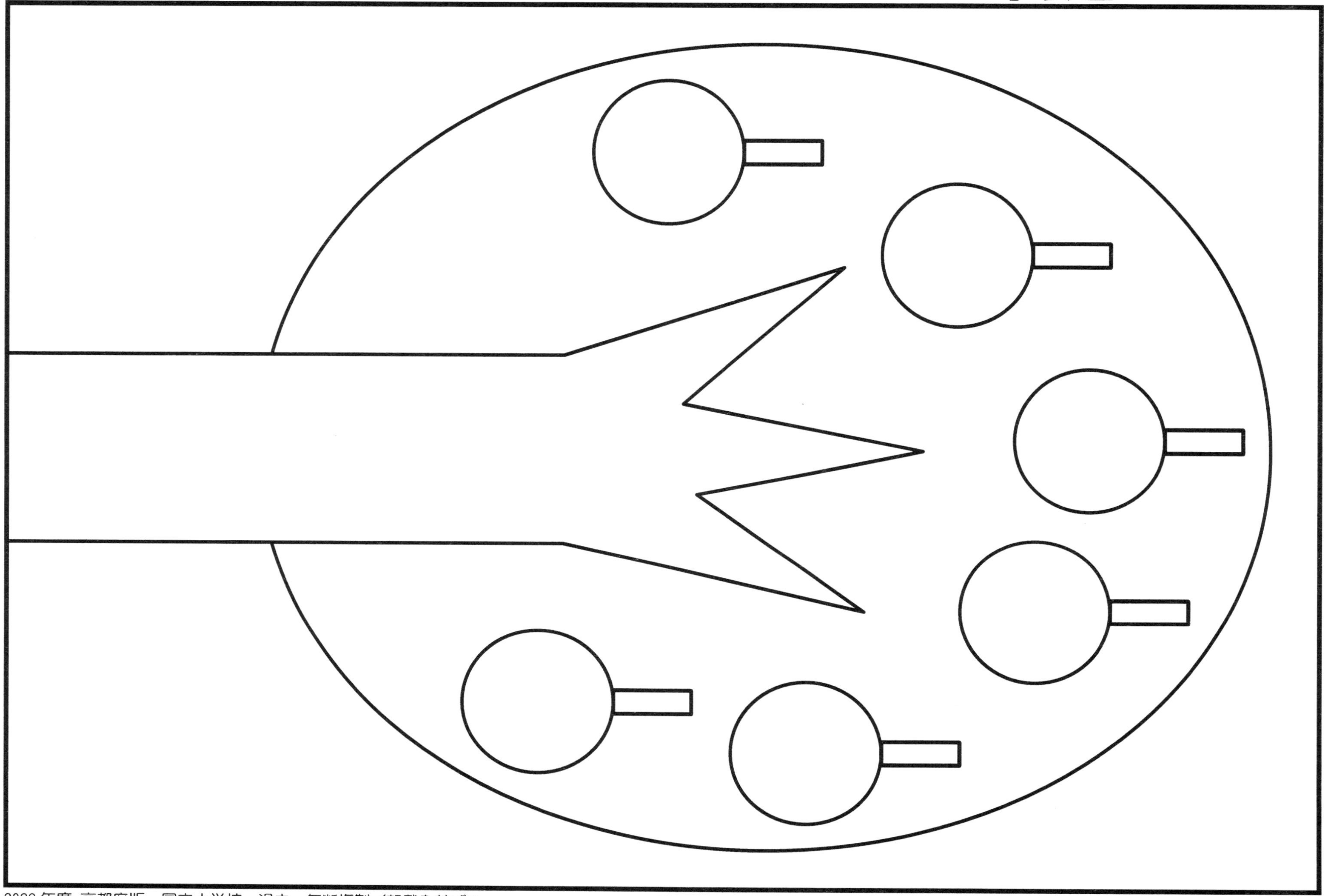

　

☆附属京都小中学校

問題34

①

②

③

京都教育大学附属京都小中学校　専用注文書

年　　月　　日

合格のための問題集ベスト・セレクション

＊入試頻出分野ベスト３

1st　図　形
観察力　思考力　集中力

2nd　推　理
思考力　観察力

3rd　常　識
知識　公衆

ペーパー、制作、口頭試問、運動、行動観察とさまざまな形での課題があります。ペーパーテストでは、図形、推理を中心に思考力を問われる問題が多く見られ、時折、難問も見受けられます。

分野	書　名	価格(税込)	注文	分野	書　名	価格(税込)	注文
図形	Ｊｒ・ウォッチャー 2「座標」	1,650 円	冊	記憶	Ｊｒ・ウォッチャー 51「運筆①」	1,650 円	冊
常識	Ｊｒ・ウォッチャー 12「日常生活」	1,650 円	冊	記憶	Ｊｒ・ウォッチャー 52「運筆②」	1,650 円	冊
数量	Ｊｒ・ウォッチャー 14「数える」	1,650 円	冊	図形	Ｊｒ・ウォッチャー 54「図形の構成」	1,650 円	冊
言語	Ｊｒ・ウォッチャー 18「いろいろな言葉」	1,650 円	冊	常識	Ｊｒ・ウォッチャー 55「理科②」	1,650 円	冊
記憶	Ｊｒ・ウォッチャー 19「お話の記憶」	1,650 円	冊	推理	Ｊｒ・ウォッチャー 57「置き換え」	1,650 円	冊
巧緻性	Ｊｒ・ウォッチャー 23「切る・貼る・塗る」	1,650 円	冊		実践 ゆびさきトレーニング①・②・③	2,750 円	各　冊
常識	Ｊｒ・ウォッチャー 27「理科」	1,650 円	冊		新口頭試問・個別テスト問題集	2,750 円	冊
観察	Ｊｒ・ウォッチャー 28「運動」	1,650 円	冊		新ノンペーパーテスト問題集	2,860 円	冊
観察	Ｊｒ・ウォッチャー 29「行動観察」	1,650 円	冊		新運動テスト問題集	2,420 円	冊
推理	Ｊｒ・ウォッチャー 31「推理思考」	1,650 円	冊		1話5分の読み聞かせお話集①②	1,980 円	各　冊
常識	Ｊｒ・ウォッチャー 34「季節」	1,650 円	冊		お話の記憶　初級編	2,860 円	冊
図形	Ｊｒ・ウォッチャー 46「回転図形」	1,650 円	冊		お話の記憶　中級編	2,200 円	冊
図形	Ｊｒ・ウォッチャー 47「座標の移動」	1,650 円	冊		面接テスト問題集	2,200 円	冊
言語	Ｊｒ・ウォッチャー 49「しりとり」	1,650 円	冊		新小学校受験の入試面接Ｑ＆Ａ	2,860 円	冊

合計	冊	円

(フリガナ) 氏　名	電　話	
	ＦＡＸ	
	E-mail	
住 所　〒　　　－		以前にご注文されたことはございますか。
		有　・　無

★お近くの書店、または記載の電話・FAX・ホームページにてご注文をお受けしております。
電話：03-5261-8951　FAX：03-5261-8953　代金は書籍合計金額＋送料がかかります。
※なお、落丁・乱丁以外の理由による商品の返品・交換には応じかねます。

★ご記入頂いた個人に関する情報は、当社にて厳重に管理致します。なお、ご購入の商品発送の他に、当社発行の書籍案内、書籍に関する調査に使用させて頂く場合がございますので、予めご了承ください。

日本学習図書株式会社
http://www.nichigaku.jp

〈附属桃山小学校〉

※問題を始める前に、本文１頁の「本書ご使用方法」「ご使用にあたっての注意点」をご覧ください。

保護者の方は、別紙の「家庭学習ガイド」「合格ためのアドバイス」を先にお読みください。
当校の対策および学習を進めていく上で、役立つ内容です。ぜひ、ご覧ください。

2021年度の最新問題

問題36　分野：口頭試問（お話の記憶）

〈準備〉　なし

〈問題〉　**この問題の絵はありません。**

これからお話をします。よく聞いて、後の質問に答えてください。

10月15日、ゆうたくんは家族と一緒にキャンプに行きました。その日は朝からよく晴れていました。お父さんが「夜まで晴れていたら、星がたくさん見られるかもしれないよ」と言ったので、ゆうたくんはわくわくしてきました。朝ごはんを食べて、いよいよ出発です。日差しが強かったので、ゆうたくんは黄色い帽子を、お父さんは青色の帽子を被りました。お母さんは麦わら帽子を被りました。キャンプ場まではお父さんが運転する車に乗って行きます。車のトランクには、テントや炭、折りたたんだイスやテーブルが入っていました。
しばらくすると、ゆうたくんたちはキャンプ場に着きました。まずお父さんがテントを張り、それからバーベキューをしました。家から持ってきた肉や、カボチャ、タマネギを焼いて、バーベキューをしました。お母さんが取り分けてくれたお皿の中にはニンジンもありましたが、ゆうたくんはがんばって食べました。バーベキューの後は河原で遊びました。お父さんが川でさまざまな魚を釣るのを見ているうちに日が暮れて、夜になりました。お父さんの言っていた通り、夜になるとたくさんの星が見えました。ゆうたくんとお父さんとお母さんは、３人でニコニコ笑いながら星空を見上げました。

①ゆうたくんは何月何日にキャンプへ行きましたか。
②お父さんは何色の帽子をかぶっていましたか。
③バーベキューで食べた野菜は何ですか。
④ゆうたくんたちは夜、何を見ましたか。そして、どうしましたか。

〈時間〉　各１分

問題37　分野：口頭試問（常識／いろいろな仲間）

〈準備〉　なし

〈問題〉　横に並んでいる絵は同じ仲間です。縦に並んでいる絵も同じ仲間です。真ん中の四角に入るものを答えてください。また、どうしてそう思ったかもお話してください。

〈時間〉　30秒

問題38　分野：制作・行動観察

〈準備〉　画用紙、クレヨン、ハサミ

〈問題〉　**この問題の絵はありません。**

①画用紙に、魚の絵を描いてください。終わったら、絵の周りをハサミで切り取ってください。
②大きな画用紙に、みんなで魚が泳ぐ海を描いてください。
③海に魚を泳がせて、魚釣りゲームをします。
そのほかに、グループで輪になって自己紹介（名前、通っている幼稚園・保育園名、好きな遊び、好きな食べもの）など。

〈時間〉　適宜

問題３７

日本学習図書株式会社

2021年度入試
解答例・学習アドバイス

解答例では、制作・巧緻性・行動観察・運動といった分野の問題の答えは省略しています。こうした問題では、各問のアドバイスを参照し、保護者の方がお子さまの答えを判断してください。

問題36　分野：口頭試問（お話の記憶）

〈解 答〉　①10月15日　②青色　③ニンジン、カボチャ、タマネギ
④星空を見て、３人でニコニコ笑った

お話は一般的な内容で、設問も内容を記憶できれば答えられるものです。日ごろの読み聞かせを通して、記憶の練習をしておきましょう。ただし、本問は口頭試問形式で行われるので、解答の正誤だけでなく、言葉遣いや態度も観られていると考えられます。口頭で解答する時は「〇〇です」「△△だと思います」など、ていねいな言葉遣いで話した方がよいでしょう。また、返事をする時は背筋を伸ばし、相手の目を見てハッキリと話すことも大切です。正しい解答を言えればよい、というのではなく、よい印象が残せるようにしたいものです。ふだんの生活でもお子さまの言葉遣いや態度が間違っているようであれば、その都度直すようにしてください。同時に、保護者の方のふだんの言葉遣いも振り返り、お子さまのお手本になるような会話を心がけましょう。お子さまが自分の言いたいことを伝えられる話し方を身に付けているかどうかを確かめるには、読み聞かせが終わった後にお話に関わる質問をしましょう。その時の話し方を察して、答えの正否だけではなく、よい印象が残るかをチェックするのです。

【おすすめ問題集】

１話５分の読み聞かせお話集①②、お話の記憶 初級編・中級編・上級編、
Ｊｒ・ウォッチャー19「お話の記憶」

問題37　分野：口頭試問（図形／四方からの観察）

〈解 答〉　左から２番目（スイカ）

２つの仲間の両方に属するものを見つける問題です。まず、縦の列で考えると、「果物」という仲間であることがわかります。横の列で考えると、「夏」という仲間であることがわかります。ということは、「夏」の「果物」を選べば正解ということになります。このように何が聞かれているかがわかれば、さほど難しい問題でないので、それほど迷わずに正解できるでしょう。困るのは、何を聞かれているかがわからなかった時です。異なる分野の知識を求められるとお子さまは混乱するものです。もしお子さまがそうなるようでしたら、保護者の方が混乱の原因を言ってから再び考えさせるようにしましょう。そうすることでお子さまはよりシンプルに問題を考えることができるようになります。

【おすすめ問題集】
Ｊｒ・ウォッチャー11「いろいろな仲間」、27「理科」、
34「季節」、55「理科②」

問題38　分野：制作・行動観察

個人制作から、集団制作、行動観察という流れの課題です。どんな課題が出されても、行動観察における観点は変わりません。観点は一言で言えば、コミュニケーション能力ということになります。集団の中でどんな行動をし、人とどう関わるかが観られているのです。わがままや自分勝手な行動が、学校の１番嫌う行為です。また、自分の意見を言うことはよいことなのですが、自分の意見が通らない時にどんな態度を取るかが、集団行動の中での大切なポイントになってくるでしょう。いくらペーパーテストの評価が高くても、行動観察での評価が低ければ合格は望めません。特に最近は、そうした傾向が強くなりつつあります。入学試験においては、学習はもちろん、躾を含めた、お子さまのすべてが観られているので、ふだんの生活からそうした部分も意識していくようにしましょう。

【おすすめ問題集】
新口頭試問・個別テスト問題集、新ノンペーパーテスト問題集
Ｊｒ・ウォッチャー23「切る・貼る・塗る」、24「絵画」

2020年度以前の過去問題

問題39　分野：口頭試問（図形）

〈準 備〉　○、△、□の形のカードを各５枚程度

〈問 題〉　この問題は絵を参考にしてください。
（カードを渡して、問題39①を見せる）
お手本と同じ形を作ってください。
（問題39②を見せる）
次の形を作ってください。

〈時 間〉　各１分

〈解 答〉　省略

学習のポイント

お手本を見ながら作ることができるので、難しい問題ではありません。ただ、口頭試問形式で行われる意味を考えてください。先生は出来上がった形だけを見て評価するわけではありません。どうやって形を作ったのかまでしっかり観ています。「お手本をじっくり見てから作る子」「まず手を動かして作り始める子」など、お子さまによって、さまざまな方法で形を作りますが、それを含めて「全体を評価」するわけです。もちろん、そうした作り方に正しい方法はありません。「完成形を頭にイメージして作る子」も「試行錯誤しながら作る子」も、どちらも正解なのです。お子さまなりに一生懸命考えながら作る様子を先生は観ていてくれます。ですから、型にはめ込むのではなく、お子さまのやりやすい方法で学習を進めてください。保護者の方は、それをしっかりと見守っていてあげるようにしましょう。

【おすすめ問題集】
新口頭試問・個別テスト問題集、Ｊｒ・ウォッチャー３「パズル」、
54「図形の構成」

問題40　分野：口頭試問（常識）

〈準 備〉　あらかじめ問題40の絵を線に沿って切り分けてカードにしておく。

〈問 題〉　（カードを渡す）
①この８枚のカードを、２つのグループに分けてください。
②なぜそう分けたのですか。教えてください。

〈時 間〉　分ける：30秒　話す：１分

〈解 答〉　省略

学習のポイント

解答の一例として、魚類（サメ、キンギョ、ウナギ、メダカ）と哺乳類（ラッコ、イルカ、クジラ、オットセイ）という分け方ができます。ただ、あくまでも一例としてとらえるようにしてください。海に棲む生きものと川（池、沼）に棲む生きものという分け方もできます。本問のポイントになるのは、②の「なぜそう分けたのですか」というところです。答えの根拠を示すという意味はもちろんですが、お子さまならではの発想や意外性のある切り口を見つけることができるからです。仲間分けの問題に正解はありますが、そうではない違った答えを発見することは、発展的な学習にもつながります。こうした問題を通じて、お子さまの学習意欲を刺激してあげましょう。

【おすすめ問題集】
新口頭試問・個別テスト問題集、Ｊｒ・ウォッチャー11「いろいろな仲間」

問題41　分野：行動観察

〈準　備〉　丸、三角、四角の積み木（色のついたもの）

〈問　題〉　**この問題の絵はありません。**
積み木でお城を作りましょう。ただし、いくつかお約束があるので、そのお約束を守って作ってください。
①丸い積み木を使わないで作ってください。
②次は、三角の積み木を使わないで作ってください。
③次は、赤い積み木を使わないで作ってください。
④最後は、すべての積み木を使ってできるだけ高く積んでください。

〈時　間〉　適宜

〈解　答〉　省略

学習のポイント

積み木でお城を作るという課題ではありますが、上手に作れるかどうかは大きな問題ではありません。お約束を守れているかどうかが、大切なポイントになります。もっとかみ砕いて言えば、「話をしっかり聞いているか」「理解して行動できているか」という点が観られているのです。話を聞けないということは、入学後の集団行動において和を乱す可能性があると判断されます。当校のようにペーパーテストが実施されていない学校では、指示の理解が評価のすべてと言っても過言ではありません。ノンペーパーテストでは、結果ではなく過程が重視されます。保護者の方は、そうしたことをしっかりと理解して、お子さまの指導にあたるようにしてください。

【おすすめ問題集】
Ｊｒ・ウォッチャー29「行動観察」

問題42　分野：口頭試問

〈準　備〉　カモメ（鳥）のぬいぐるみ、ウサギのぬいぐるみ

〈問　題〉　**この問題の絵はありません。**
①（カモメのぬいぐるみ、ウサギのぬいぐるみを見せながら）
カモメは魚が大好きです。ウサギは草が大好きです。でもカモメは草を、ウサギは魚を見たことがありません。それぞれにわかるように教えてあげてください。
②海はとても広いところだそうですね。海について、カモメになったつもりでウサギに教えてあげてください。

〈時　間〉　適宜

〈解　答〉　省略

学習のポイント

このような質問に答えるためには、ものごとについてのしっかりした理解はもちろん、相手に伝わるように言葉を選んで表現する語彙力・表現力が必要です。いずれも、一朝一夕で身に付くものではありません。ふだんから、親子間のコミュニケーションを通して知識を深め、語彙力・表現力を磨いていくことを心がけてください。語彙を増やすために言葉を教えてあげることも大切ですが、お子さまが何かを言おうとして言葉を探している時に、保護者が先回りして代弁したり、言葉を教えてばかりいては、語彙力も表現力もなかなか伸びてはいきません。お子さま自身で考える時間も与え、自ら学習していけるようにしてあげてください。なお、口頭試問のテストでは、受け答えの様子も評価の対象となります。姿勢を正し、先生の顔を見て、先生に聞こえるような声ではっきりお話しできるように練習しておきましょう。また、単語の言いっ放しで答えるのではなく、「それは○○です」「△△だからだと思います」などと、ていねいな言葉を使った礼儀正しい受け答えができるように指導してください。

【おすすめ問題集】
新口頭試問・個別テスト問題集

問題43　分野：口頭試問（昔話）

〈準　備〉　問題43の絵を線に沿って切り離しておく。

〈問　題〉　（絵を並べておく）
この中から同じ話の絵を２枚選んでください。選んだらその絵をお話の順番通りに並べて、そのお話をしてください。

〈時　間〉　３分

〈解　答〉　省略

学習のポイント

それぞれの話は「一寸法師」、「桃太郎」、「浦島太郎」です。ふだんの読み聞かせで一通り有名な昔話や童話に触れておくのもいいでしょう。語り継がれた物語には、何かしらの教訓があり、優れている部分、真似してはいけない部分など、そこからお子さまが感じ取るものがたくさんあるのです。また、ふだんの読み聞かせの時に、場面ごとに「どうなるかな」と質問することで、お子さまの想像力や発想力を高めることができるでしょう。

【おすすめ問題集】
新口頭試問・個別テスト問題集、１話５分の読み聞かせお話集①・②

問題44　分野：行動観察

〈準備〉　ビニールテープ（赤、黄、白）、マット、ボール、ボールを入れるかご、はしご、タンバリン、踊りに使う音源、再生機器

〈問題〉　**この問題は絵を参考にしてください。**
（この問題は10人のグループで行う）
「今日は森のクマさんのお散歩に出かけましょう」
①赤い線の上を右足ケンケンで進み、黄色の線の上を左足ケンケンで進みましょう。
②マットの上をクマ歩きで進み、最後に前回りを１回してください。
③白い線に沿ってボールをつきながら歩きましょう。７回ついて、最後はカゴに入れてください。

「クマさんは、野原に着きました」
④音楽に合わせ、先生のお手本の通りに踊りましょう。

「クマさんは木に登ります」
⑤はしごを登って上にあるタンバリンを１回叩き、降りてきてください。
⑥終わったら三角座りで待ちましょう。

〈時間〉　適宜

〈解答〉　省略

学習のポイント

このような課題では、まずは先生の指示をしっかりと聞いて課題に取り組むことが大切です。指示の内容を理解しているか、指示を守っているか、積極的に行動しているか、ふざけずにまじめに取り組んでいるか、途中であきらめたり放り出したりしないかなど、評価のポイントは多岐に渡ります。これらは、お子さまが学校生活を営んでいく上で、また学級運営を円滑に進める上で大切となってくる資質です。日常生活を通してお子さま自身が自然に身に付けていけるように、家庭内での協調的行動（みんなで何かを作る作業など）や、お友だちとの遊びの時間を大切にしてください。また、このような課題では、待機中の態度も観られます。指定の場所を勝手に離れたり、ほかの子の邪魔をしたりといったことのないよう、しっかりと課題に集中するよう指導しておいてください。

【おすすめ問題集】
Ｊｒ・ウォッチャー29「行動観察」

☆附属桃山小学校

問題３９

①

②

問題４０

☆附属桃山小学校

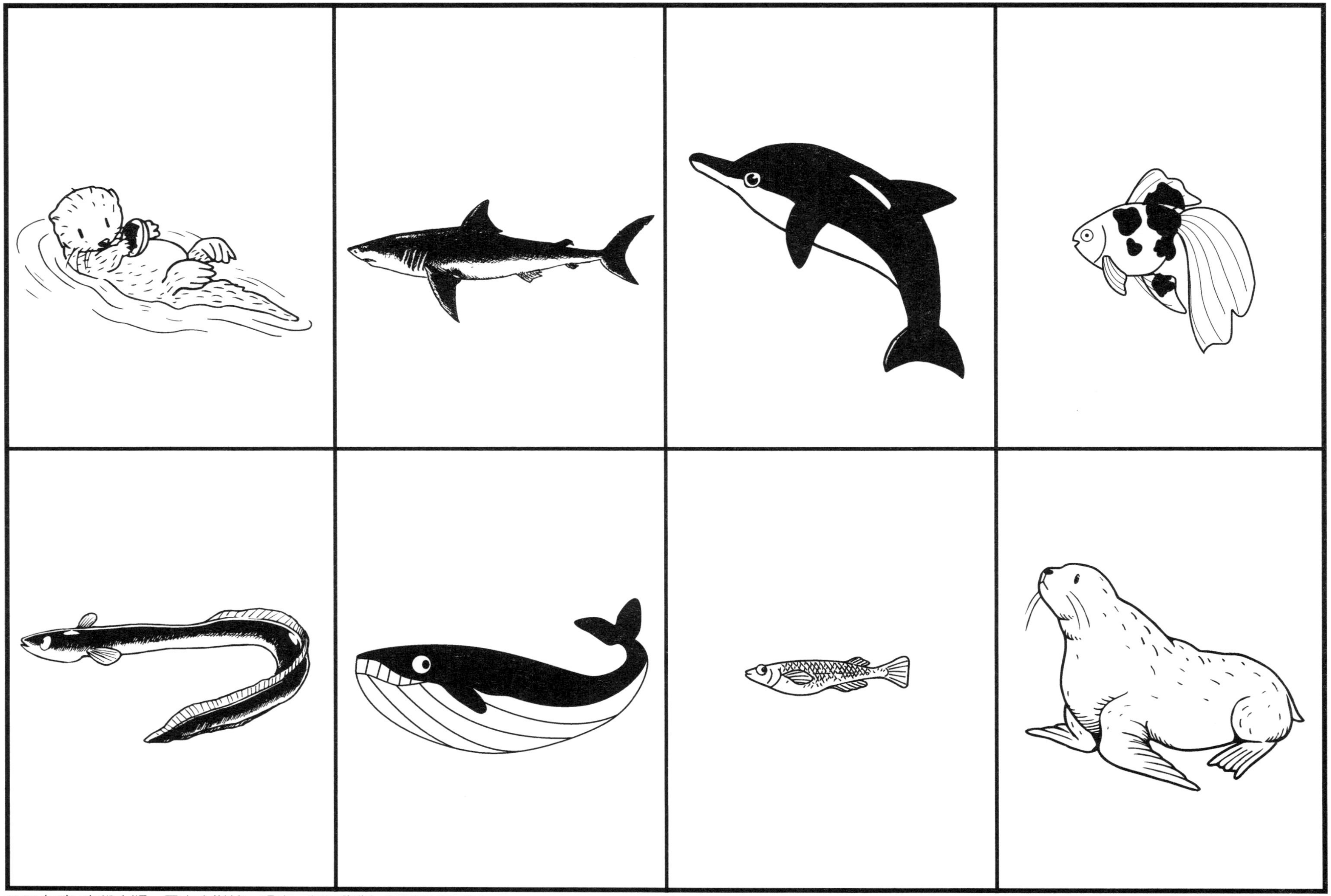

☆附属桃山小学校

問題４３

問題４４

京都教育大学附属桃山小学校　専用注文書

年　　月　　日

合格のための問題集ベスト・セレクション

＊入試頻出分野ベスト３

1st　常　識

知識　聞く力　話す力

2nd　推　理

観察力　聞く力　思考力

3rd　行動観察

協調性　聞く力

口頭試問形式のため、指示をよく聞き、適切な行動、問答ができるように練習をしてください。
ここ数年、出題傾向に変更はありません。行動観察は「集団の中でルールが守れるか」が大きな観点です。

分野	書　名	価格(税込)	注文	分野	書　名	価格(税込)	注文
常識	Ｊｒ・ウォッチャー 11「いろいろな仲間」	1,650 円	冊	常識	Ｊｒ・ウォッチャー 34「季節」	1,650 円	冊
常識	Ｊｒ・ウォッチャー 12「日常生活」	1,650 円	冊	常識	Ｊｒ・ウォッチャー 55「理科②」	1,650 円	冊
記憶	Ｊｒ・ウォッチャー 19「お話の記憶」	1,650 円	冊		1話5分の読み聞かせお話集①・②	2,200 円	各　冊
巧緻性	Ｊｒ・ウォッチャー 23「切る・貼る・塗る」	1,650 円	冊		お話の記憶問題集 初級編・中級編・上級編	2,200 円	各　冊
巧緻性	Ｊｒ・ウォッチャー 24「絵画」	1,650 円	冊		新口頭試問・個別テスト問題集	2,750 円	冊
巧緻性	Ｊｒ・ウォッチャー 25「生活巧緻性」	1,650 円	冊		新ノンペーパーテスト問題集	2,860 円	冊
常識	Ｊｒ・ウォッチャー 27「理科」	1,650 円	冊		新小学校受験 願書・アンケート文例集 500	2,860 円	冊
観察	Ｊｒ・ウォッチャー 29「行動観察」	1,650 円	冊		小学校受験で知っておくべき 125 のこと	2,860 円	冊
観察	Ｊｒ・ウォッチャー 30「生活習慣」	1,650 円	冊		小学校受験に関する 保護者の悩み Q&A	2,860 円	冊

合計	冊	円

（フリガナ） 氏　名	電　話 ＦＡＸ E-mail
住 所　〒　　　　－	以前にご注文されたことはございますか。 有　・　無

★お近くの書店、または記載の電話・FAX・ホームページにてご注文をお受けしております。
電話：03-5261-8951　FAX：03-5261-8953　代金は書籍合計金額＋送料がかかります。
※なお、落丁・乱丁以外の理由による商品の返品・交換には応じかねます。

★ご記入頂いた個人に関する情報は、当社にて厳重に管理致します。なお、ご購入の商品発送の他に、当社発行の書籍案内、書籍に関する調査に使用させて頂く場合がございますので、予めご了承ください。

日本学習図書株式会社
http://www.nichigaku.jp

図書カード 1000 円分プレゼント

ご記入日　令和　　年　　月　　日

☆国・私立小学校受験アンケート☆

※可能な範囲でご記入下さい。選択肢は○で囲んで下さい。

〈小学校名〉＿＿＿＿＿＿＿＿＿＿＿＿＿＿　〈お子さまの性別〉男・女　〈誕生月〉＿＿月

〈その他の受験校〉（複数回答可）＿＿＿＿＿＿＿＿＿＿＿＿＿＿＿＿＿＿＿＿＿＿＿＿

〈受験日〉①：＿＿月＿＿日〈時間〉＿＿時＿＿分　～　＿＿時＿＿分

②：＿＿月＿＿日〈時間〉＿＿時＿＿分　～　＿＿時＿＿分

〈受験者数〉　男女計＿＿名　（男子＿＿名　女子＿＿名）

〈お子さまの服装〉＿＿＿＿＿＿＿＿＿＿＿＿＿＿＿＿＿＿＿＿

〈入試全体の流れ〉（記入例）準備体操→行動観察→ペーパーテスト

＿＿＿＿＿＿＿＿＿＿＿＿＿＿＿＿＿＿＿＿＿＿＿＿＿＿＿＿＿＿

Eメールによる情報提供

日本学習図書では、Eメールでも入試情報を募集しております。

下記のアドレスに、アンケートの内容をご入力の上、メールをお送り下さい。

ojuken@nichigaku.jp

●行動観察　（例）好きなおもちゃで遊ぶ・グループで協力するゲームなど

〈実施日〉＿＿月＿＿日〈時間〉＿＿時＿＿分　～　＿＿時＿＿分〈着替え〉□有　□無

〈出題方法〉□肉声　□録音　□その他（　　　　　　）〈お手本〉□有　□無

〈試験形態〉□個別　□集団（　　　人程度）　〈会場図〉

〈内容〉

□自由遊び

＿＿＿＿＿＿＿＿＿＿＿＿＿＿＿＿＿＿＿＿＿＿＿＿

□グループ活動

＿＿＿＿＿＿＿＿＿＿＿＿＿＿＿＿＿＿＿＿＿＿＿＿

□その他

＿＿＿＿＿＿＿＿＿＿＿＿＿＿＿＿＿＿＿＿＿＿＿＿

●運動テスト（有・無）　（例）跳び箱・チームでの競争など

〈実施日〉＿＿月＿＿日〈時間〉＿＿時＿＿分　～　＿＿時＿＿分〈着替え〉□有　□無

〈出題方法〉□肉声　□録音　□その他（　　　　　　）〈お手本〉□有　□無

〈試験形態〉□個別　□集団（　　　人程度）　〈会場図〉

〈内容〉

□サーキット運動

□走り　□跳び箱　□平均台　□ゴム跳び

□マット運動　□ボール運動　□なわ跳び

□クマ歩き

□グループ活動＿＿＿＿＿＿＿＿＿＿＿＿＿＿＿＿

□その他＿＿＿＿＿＿＿＿＿＿＿＿＿＿＿＿＿＿

●知能テスト・口頭試問

〈実施日〉 ＿＿＿月＿＿＿日 **〈時間〉** ＿＿＿時＿＿＿分 ～ ＿＿＿時＿＿＿分 **〈お手本〉** □有 □無

〈出題方法〉 □肉声 □録音 □その他（　　　　　　） **〈問題数〉** ＿＿枚 ＿＿問

分野	方法	内　　容	詳　細・イ　ラ　ス　ト
（例） お話の記憶	☑筆記 □口頭	動物たちが待ち合わせをする話	（あらすじ） 動物たちが待ち合わせをした。最初にウサギさんが来た。次にイヌくんが、その次にネコさんが来た。最後にタヌキくんが来た。 （問題・イラスト） ３番目に来た動物は誰か 
お話の記憶	□筆記 □口頭		（あらすじ） （問題・イラスト）
図形	□筆記 □口頭		
言語	□筆記 □口頭		
常識	□筆記 □口頭		
数量	□筆記 □口頭		
推理	□筆記 □口頭		
その他	□筆記 □口頭		

日本学習図書株式会社

●制作　（例）ぬり絵・お絵かき・工作遊びなど

〈実施日〉＿＿月＿＿日 **〈時間〉**＿＿時＿＿分＿＿～＿＿時＿＿分

〈出題方法〉　□肉声　□録音　□その他（　　　　　　）**〈お手本〉**□有　□無

〈試験形態〉　□個別　□集団（　　　　人程度）

材料・道具	制作内容
□ハサミ □のり（□つぼ □液体 □スティック） □セロハンテープ □鉛筆 □クレヨン（　色） □クーピーペン（　色） □サインペン（　色）□ □画用紙（□ A4 □ B4 □ A3 　□その他：　　　　　） □折り紙 □新聞紙 □粘土 □その他（　　　　　　）	□切る　□貼る　□塗る　□ちぎる　□結ぶ　□描く　□その他（　　　　　　） タイトル：＿＿＿＿＿＿＿＿＿＿＿＿

●面接

〈実施日〉＿＿月＿＿日 **〈時間〉**＿＿時＿＿分＿＿～＿＿時＿＿分 **〈面接担当者〉**＿＿＿名

〈試験形態〉□志願者のみ（　　）名　□保護者のみ　□親子同時　□親子別々

〈質問内容〉

□志望動機　□お子さまの様子

□家庭の教育方針

□志望校についての知識・理解

□その他（　　　　　　　　　　　）

（　詳　細　）

・

・

・

・

※試験会場の様子をご記入下さい。

例

校長先生　教頭先生

父　子　母

出入口

●保護者作文・アンケートの提出（有・無）

〈提出日〉　□面接直前　□出願時　□志願者考査中　□その他（　　　　　　　）

〈下書き〉　□有　□無

〈アンケート内容〉

（記入例）当校を志望した理由はなんですか（150 字）

●説明会（□有　□無）〈開催日〉＿＿月＿＿日〈時間〉＿＿時＿＿分　～　＿＿時＿＿分

〈上履き〉　□要　□不要　〈願書配布〉　□有　□無　〈校舎見学〉　□有　□無

〈ご感想〉

●参加された学校行事（複数回答可）

公開授業〈開催日〉＿＿月＿＿日〈時間〉＿＿時＿＿分　～　＿＿時＿＿分

運動会など〈開催日〉＿＿月＿＿日〈時間〉＿＿時＿＿分　～　＿＿時＿＿分

学習発表会・音楽会など〈開催日〉＿＿月＿＿日〈時間〉＿＿時＿＿分　～　＿＿時＿＿分

〈ご感想〉

※是非参加したほうがよいと感じた行事について

●受験を終えてのご感想、今後受験される方へのアドバイス

※対策学習（重点的に学習しておいた方がよい分野）、当日準備しておいたほうがよい物など

＊＊＊＊＊＊＊＊＊＊＊＊　ご記入ありがとうございました　＊＊＊＊＊＊＊＊＊＊＊＊

必要事項をご記入の上、ポストにご投函ください。

なお、本アンケートの送付期限は入試終了後３ヶ月とさせていただきます。また、入試に関する情報の記入量が当社の基準に満たない場合、謝礼の送付ができないことがございます。あらかじめご了承ください。

ご住所：〒＿＿＿＿＿＿＿＿＿＿＿＿＿＿＿＿＿＿＿＿

お名前：＿＿＿＿＿＿＿＿＿＿　メール：＿＿＿＿＿＿＿＿＿＿

ＴＥＬ：＿＿＿＿＿＿＿＿＿＿　ＦＡＸ：＿＿＿＿＿＿＿＿＿＿

ご記入頂いた個人に関する情報は、当社にて厳重に管理致します。弊社の個人情報取り扱いに関する詳細は、www.nichigaku.jp/policy.php の「個人情報の取り扱い」をご覧下さい。

分野別 小学入試練習帳 ジュニアウォッチャー

1．点・線図形	小学校入試で出題頻度の高い『点・線図形』の模写を、難易度の低いものから段階別に幅広く練習することができるように構成。
2．座標	図形の位置模写という作業を、難易度の低いものから段階別に練習できるように構成。
3．パズル	様々なパズルの問題を難易度の低いものから段階別に練習できるように構成。
4．同図形探し	小学校入試で出題頻度の高い、同図形選びの問題を繰り返し練習できるように構成。
5．回転・展開	図形などを回転、または展開したとき、形がどのように変化するかを学習し、理解を深められるように構成。
6．系列	数、図形などの様々な系列問題を、難易度の低いものから段階別に練習できるように構成。
7．迷路	迷路の問題を繰り返し練習できるように構成。
8．対称	対称に関する問題を４つのテーマに分類し、各テーマごとに問題を段階別に練習できるように構成。
9．合成	図形の合成に関する問題を、難易度の低いものから段階別に練習できるように構成。
10．四方からの観察	もの（立体）を様々な角度から見て、どのように見えるかを推理する問題を段階別に整理し、１つの形式で複数の問題を練習できるように構成。
11．いろいろな仲間	ものや動物、植物の共通点を見つけ、分類していく問題を中心に構成。
12．日常生活	日常生活における様々な問題を６つのテーマに分類し、各テーマごとに一つの問題形式で複数の問題を練習できるように構成。
13．時間の流れ	『時間』に着目し、様々なものごとは、時間が経過するとどのように変化するのかということを学習し、理解できるように構成。
14．数える	様々なものを『数える』ことから、数の多少の判定やかけ算、わり算の基礎までを練習できるように構成。
15．比較	比較に関する問題を５つのテーマ（数、高さ、長さ、量、重さ）に分類し、各テーマごとに問題を段階別に練習できるように構成。
16．積み木	数える対象を積み木に限定した問題集。
17．言葉の音遊び	言葉の音に関する問題を５つのテーマに分類し、各テーマごとに問題を段階別に練習できるように構成。
18．いろいろな言葉	表現力をより豊かにするいろいろな言葉として、擬態語や擬声語、同音異義語、反意語、数詞を取り上げた問題集。
19．お話の記憶	お話を聴いてその内容を記憶、理解し、設問に答える形式の問題集。
20．見る記憶・聴く記憶	「見て憶える」「聴いて憶える」という『記憶』分野に特化した問題集。
21．お話作り	いくつかの絵を元にしてお話を作る練習をして、想像力を養うことができるように構成。
22．想像画	描かれてある形や景色に好きな絵を描くことにより、想像力を養うことができるように構成。
23．切る・貼る・塗る	小学校入試で出題頻度の高い、はさみやのりなどを用いた巧緻性の問題を繰り返し練習できるように構成。
24・絵画	小学校入試で出題頻度の高い、お絵かきやぬり絵などクレヨンやクーピーペンを用いた巧緻性の問題を繰り返し練習できるように構成。
25．生活巧緻性	小学校入試で出題頻度の高い日常生活の様々な場面における巧緻性の問題集。
26．文字・数字	ひらがなの清音、濁音、拗音、拗長音、促音と１〜20までの数字に焦点を絞り、練習できるように構成。
27．理科	小学校入試で出題頻度が高くなりつつある理科の問題を集めた問題集。
28．運動	出題頻度の高い運動問題を種目別に分けて構成。
29．行動観察	項目ごとに問題提起をし、「このような時はどうか、あるいはどう対処するのか」の観点から問いかける形式の問題集。
30．生活習慣	学校から家庭に提起された問題と思って、一問一問絵を見ながら話し合い、考える形式の問題集。

31．推理思考	数、量、言語、常識（含理科、一般）など、諸々のジャンルから問題を構成し、近年の小学校入試問題傾向に沿って構成。
32．ブラックボックス	箱や筒の中を通ると、どのようなお約束でどのように変化するかを推理・思考する問題集。
33．シーソー	重さの違うものをシーソーに乗せた時どちらに傾くのか、またどうすればシーソーは釣り合うのかを思考する基礎的な問題集。
34．季節	様々な行事や植物などを季節別に分類できるように知識をつける問題集。
35．重ね図形	小学校入試で頻繁に出題されている「図形を重ね合わせてできる形」についての問題を集めました。
36．同数発見	様々な物を数え「同じ数」を発見し、数の多少の判断や数の認識の基礎を学べるように構成した問題集。
37．選んで数える	数の学習の基本となる、いろいろなものの数を正しく数える学習を行う問題集。
38．たし算・ひき算１	数字を使わず、たし算とひき算の基礎を身につけるための問題集。
39．たし算・ひき算２	数字を使わず、たし算とひき算の基礎を身につけるための問題集。
40．数を分ける	数を等しく分ける問題です。等しく分けたときに余りが出るものもあります。
41．数の構成	ある数がどのような数で構成されているか学んでいきます。
42．一対多の対応	一対一の対応から、一対多の対応まで、かけ算の考え方の基礎学習を行います。
43．数のやりとり	あげたり、もらったり、数の変化をしっかりと学びます。
44．見えない数	指定された条件から数を導き出します。
45．図形分割	図形の分割に関する問題集。パズルや合成の分野にも通じる様々な問題を集めました。
46．回転図形	「回転図形」に関する問題集。やさしい問題から始め、いくつかの代表的なパターンから、段階を踏んで学習できるよう編集されています。
47．座標の移動	「マス目の指示通りに移動する問題」と「指示された数だけ移動する問題」を収録。
48．鏡図形	鏡で左右反転させた時の見え方を考えます。平面図形から立体図形、文字、絵まで。
49．しりとり	すべての学習の基礎となる「言葉」を学ぶこと、特に「語彙」を増やすことに重点をおき、さまざまなタイプの「しりとり」問題を集めました。
50．観覧車	観覧車やメリーゴーラウンドなどを舞台にした「回転系列」の問題集。 「推理思考」分野の問題ですが、要素として「図形」や「数量」も含みます。
51．運筆①	鉛筆の持ち方を学び、点線なぞり、お手本を見ながらの模写で、線を引く練習をします。
52．運筆②	運筆①からさらに発展し、「欠所補完」や「迷路」などを楽しみながら、より複雑な鉛筆運びを習得することを目指します。
53．四方からの観察 積み木編	積み木を使用した「四方からの観察」に関する問題を練習できるように構成。
54．図形の構成	見本の図形がどのような部分によって形づくられているかを考えます。
55．理科②	理科的知識に関する問題を集中して練習する「常識」分野の問題集。
56．マナーとルール	道路や駅、公共の場でのマナー、安全や衛生に関する常識を学べるように構成。
57．置き換え	さまざまな具体的・抽象的事象を記号で表す「置き換え」の問題を扱います。
58．比較②	長さ・高さ・体積・数などを数学的な知識を使わず、論理的に推測する「比較」の問題を練習できるように構成。
59．欠所補完	線と線のつながり、欠けた絵に当てはまるものなどを求める「欠所補完」に取り組める問題集です。
60．言葉の音（おん）	しりとり、決まった順番の音をつなげるなど、「言葉の音」に関する問題に取り組める練習問題集です。

『読み聞かせ』×『質問』＝『聞く力』

お話の記憶の練習に最適

1話5分の 読み聞かせお話集①②

「アラビアン・ナイト」「アンデルセン童話」「イソップ寓話」「グリム童話」、日本や各国の民話、昔話、偉人伝の中から、教育的な物語や、過去に小学校入試でも出題された有名なお話を中心に掲載。お話ごとに、内容に関連したお子さまへの質問も掲載しています。「読み聞かせ」を通して、お子さまの『聞く力』を伸ばすことを目指します。

①巻・②巻　各48話

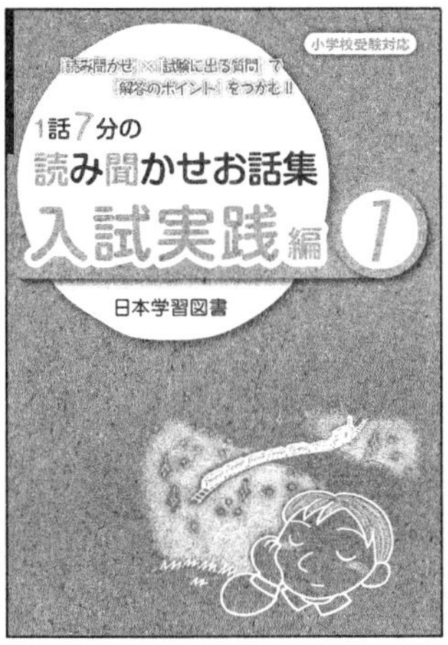

1話7分の読み聞かせお話集 入試実践編①

国立・私立小学校受験対応

最長1,700文字の長文のお話を掲載。有名でない＝「聞いたことのない」お話を聞くことで、『集中力』のアップを目指します。設問も、実際の試験を意識した設問としています。ペーパーテスト実施校の多くが「お話の記憶」の問題を出題します。毎日の「読み聞かせ」と「試験に出る質問」で、「解答のポイント」をつかんで臨みましょう！

50話収録

ニチガクの この５冊で受験準備も万全！

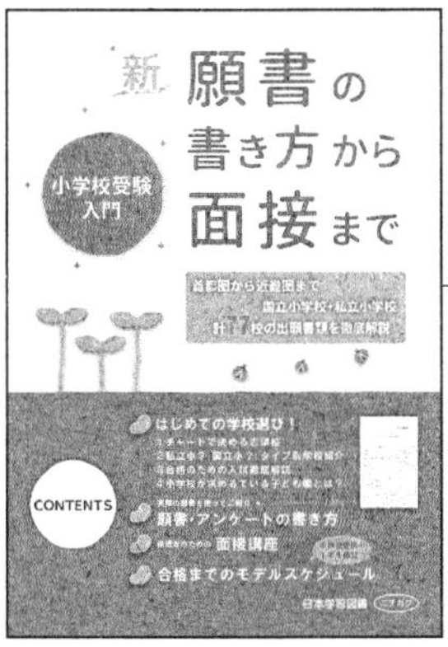

小学校受験入門 願書の書き方から面接まで リニューアル版

主要私立・国立小学校の願書・面接内容を中心に、学校選びや入試の分野傾向、服装コーディネート、持ち物リストなども網羅し、受験準備全体をサポートします。

小学校受験で 知っておくべき 125のこと

小学校受験の基本から怪しい「ウワサ」まで、保護者の方々からの 125 の質問にていねいに解答。目からウロコのお受験本。

新　小学校受験の 入試面接Ｑ＆Ａ リニューアル版

過去十数年に遡り、面接での質問内容を網羅。小学校別、父親・母親・志願者別、さらに学校のこと・志望動機・お子さまについてなど分野ごとに模範解答例やアドバイスを掲載。

新　願書・アンケート 文例集 500 リニューアル版

有名私立小、難関国立小の願書やアンケートに記入するための適切な文例を、質問の項目別に収録。合格を掴むためのヒントが満載！ 願書を書く前に、ぜひ一度お読みください。

小学校受験に関する 保護者の悩みＱ＆Ａ

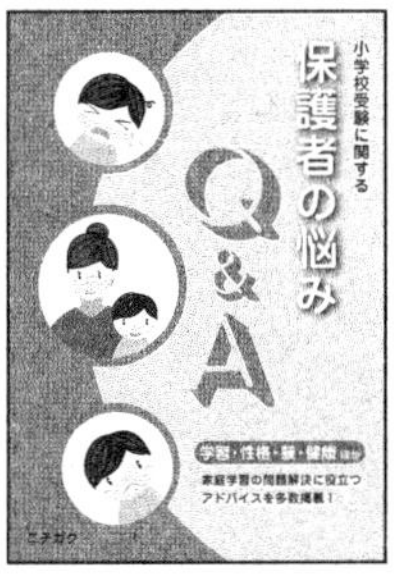

保護者の方約 1,000 人に、学習・生活・躾に関する悩みや問題を取材。その中から厳選した 200 例以上の悩みに、「ふだんの生活」と「入試直前」のアドバイス 2 本立てで悩みを解決。

日本学習図書株式会社

家庭学習をトータルサポート！ ニチガクのオリジナル 効果的 学習法

1 まずは アドバイスページを読む！

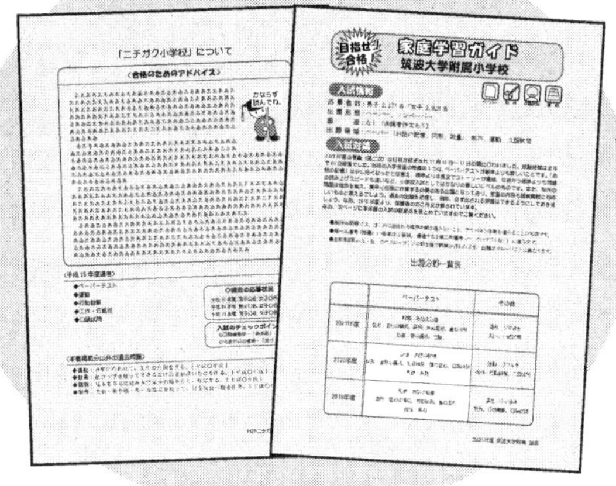

対策や試験ポイントがぎっしりつまった「家庭学習ガイド」。分野アイコンで、試験の傾向をおさえよう！

過去問のこだわり

最新問題は問題ページ、イラストページ、解答・解説ページが独立しており、お子さまにすぐに取り掛かっていただける作りになっています。
ニチガクの学校別問題集ならではの、学習法を含めたアドバイスを利用して効率のよい家庭学習を進めてください。

2 問題をすべて読み、出題傾向を把握する

3 「学習のポイント」で学校側の観点や問題の解説を熟読

4 はじめて過去問題にチャレンジ！

5 プラスα 対策問題集や類題で力を付ける

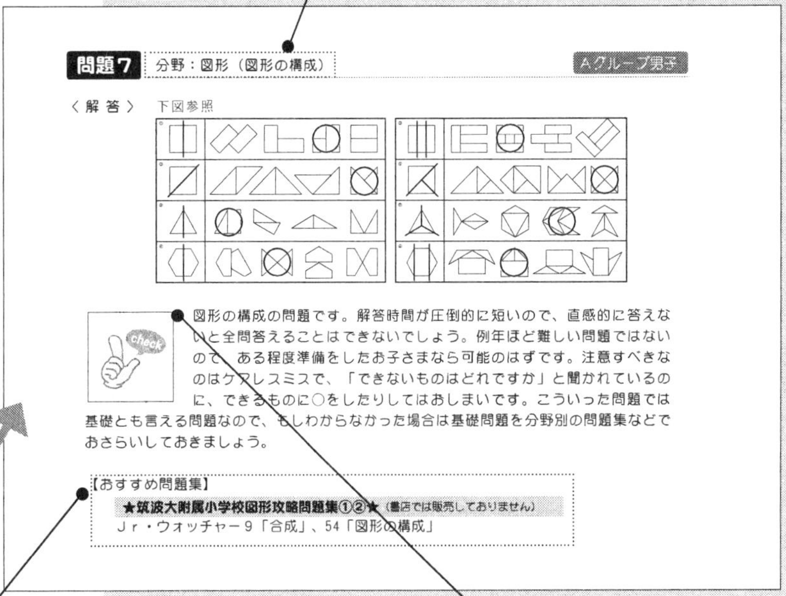

問題7 分野：図形（図形の構成）　Aグループ男子

〈解答〉 下図参照

図形の構成の問題です。解答時間が圧倒的に短いので、直感的に答えないと全問答えることはできないでしょう。例年ほど難しい問題ではないので、ある程度準備をしたお子さまなら可能のはずです。注意すべきなのはケアレスミスで、「できないものはどれですか」と聞かれているのに、できるものに○をしたりしてはおしまいです。こういった問題では基礎とも言える問題なので、もしわからなかった場合は基礎問題を分野別の問題集などでおさらいしておきましょう。

【おすすめ問題集】
★筑波大附属小学校図形攻略問題集①②★（書店では販売しておりません）
Jr・ウォッチャー9「合成」、54「図形の構成」

学習のポイント

各問題の解説や学校の観点、指導のポイントなどを教えます。
今日から保護者の方が家庭学習の先生に！

おすすめ対策問題集

分野ごとに対策問題集をご紹介。苦手分野の克服に最適です！
＊専用注文書付き。

2022年度版 京都府版 国立小学校 過去問題集

発行日 2021年10月26日
発行所 〒162-0821 東京都新宿区津久戸町 3-11
ＴＨ１ビル飯田橋９Ｆ 日本学習図書株式会社
電 話 03-5261-8951 ㈹

京都幼児教室は有名国立・私立小学校を中心に抜群の合格実績を誇っています。

年中児対象

4歳児洛南小クラス

音声によるテストを毎回実施し、より実践的な内容となっております。難度の高い問題・思考力が必要な問題など、様々なパターンのプリント学習を中心に授業に取り組む姿勢を高めていきます。

●現在の授業日　土曜日／15：00～17：15　▶9/25終了

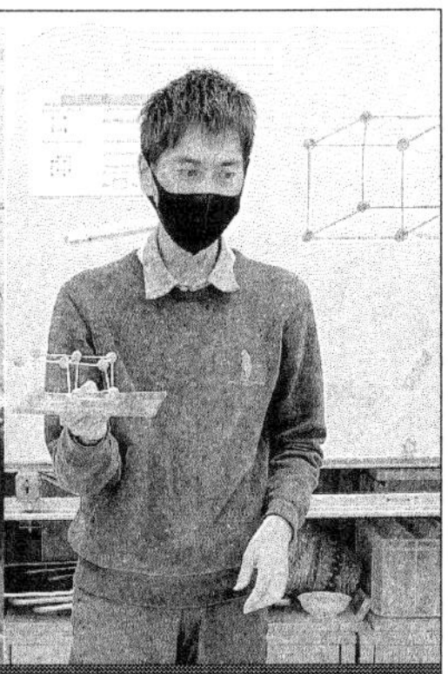

小学校受験対策

「新年長児洛南小クラス」は、2021年10月2日（土）よりスタートします。

年長児対象

生活自立合宿

3泊4日 京都市左京区花背「花背子ども村」にて
2021年は、7月22日～25日に実施

合宿のねらい

①3泊4日という長期の集団生活を通して、基本的生活習慣を定着させる事で、高水準の生活力を身に付けます。
②班活動を通してリーダーシップ・自己表現力を、お友達との関わりの中で協調性・社会性を身に付けます。
③困難を克服したことで生まれる独立心・忍耐力は、貴重な体験として非常に大きな自信となります。それを積極性に繋げます。

お買い物

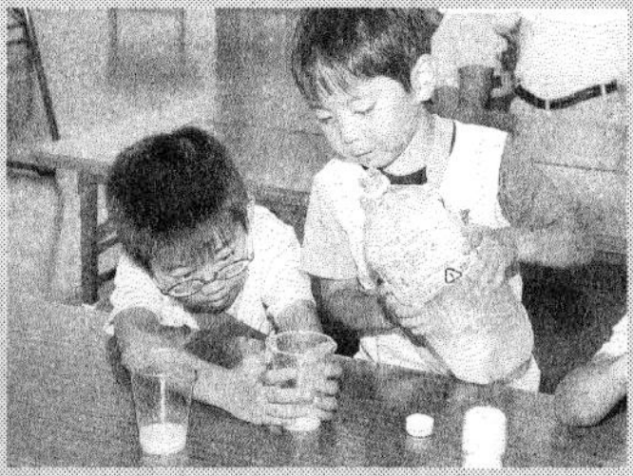

カルピス作り

野菜狩り（じゃがいも掘り）

就寝準備

トマト丸かじり

玉子割り

目玉焼きづくり

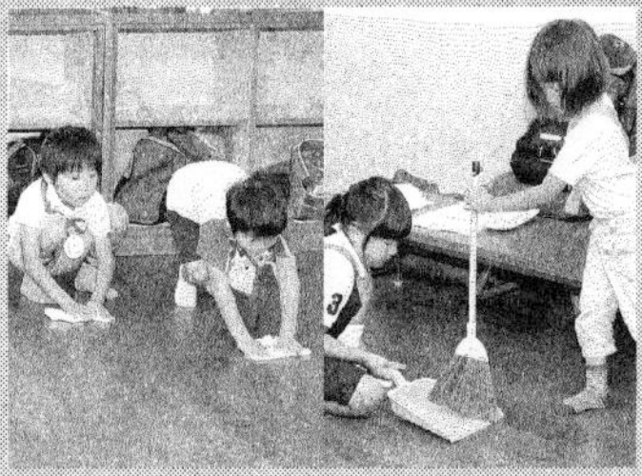

雑巾がけ・掃除

すいか割り

きもだめし

雑巾絞り

川遊び

魚つかみ

三本杉登山

生活自立合宿に参加される方には、花背子ども村にておこなう洛南高等学校附属小学校教育講演会にご参加いただけます。

京都幼児教室
www.kirara-kids.com

四条教室　〒600-8083 京都市下京区高倉通仏光寺上ル
TEL.075-344-5013/FAX.075-344-5015

西賀茂教室　〒603-8821 京都市北区西賀茂柿ノ木町6
TEL.075-492-8811/FAX.075-492-8811

対象 0歳児～年長児

お問い合せは ☎ 075-344-5013 ✉ kyoto@kirara-kids.com まで